Hagers: Frühling wird es immer wieder

Esther Hagers

Frühling wird es immer wieder

engelbert

Neuauflage des 1967 unter dem Titel
Sonnenschein für Gerry erschienenen Buches.

ISBN 3 536 01278 7
1. Auflage 1976
Umschlaggestaltung: Herson
Innenausstattung: Nikolaus Moras
Originaltitel: TWEE WEGEN VOOR GERRY
Originalverlag: L. C. G. Malmberg
Alle Rechte dieser Ausgabe 1976
beim Engelbert-Verlag,
Gebr. Zimmermann GmbH,
5983 Balve/Sauerland, Widukindplatz 2
Nachdruck verboten — Printed in Germany
Satz, Druck und Einband:
Grafischer Betrieb
Gebr. Zimmermann GmbH, Balve

Inhalt

Ein Ende und ein Beginn 9
Auf Zimmersuche 26
So grün wie Gras 46
Aufgenommen! 63
Mutter und Tochter 80
Nebel 99
Schock 118
Gerrys Welt stürzt ein 134
Der dritte Tag 154
Das Leben geht weiter ... 170
Der andere Weg 190
Gerry wird doch wieder jung 209

Ein Ende und ein Beginn

„Du lieber Himmel, wie lange dauert das denn noch!"
Ein schlankes, blondes Mädchen seufzte resigniert.

„Ich bitte dich, Rien! Es sind noch keine fünf Minuten vergangen", lachte ihre Freundin Gerry Brans.

„Noch keine fünf Minuten?" Rinie blickte verdutzt auf ihre Uhr. „Meine Uhr ist wohl stehengeblieben."

„Ach was, du bist bloß schrecklich nervös. Dann kommt es einem so vor, als bliebe die Zeit stehen", meinte eines von den Mädchen, die um die beiden herumstanden. Sie waren sehr viel ruhiger. Aber das konnten sie auch, denn für sie war dieser Tag durchaus nicht besonders spannend.

„Ihr habt gut reden", gab Rinie zurück. „Es ist wirklich kein Zuckerlecken, so lange auf die Folter gespannt zu werden."

„Aber das ist doch keine Folter", meinte Cobi van Leeuwen, eine kleine Dicke aus der fünften Klasse. „Gleich kommen sie, um euch zu erzählen, daß ihr das Abitur bestanden habt. Kinder, ich bin ganz sicher, daß es so sein wird", schloß sie theatralisch.

„Wenn das nur wahr ist", seufzte Rinie ängstlich. „Ich bin da noch gar nicht so sicher. Vielleicht bin ich durchgefallen, oder ich muß zur Nachprüfung." Sie sah ihre Freundin an, die noch kein Wort gesagt hatte.

Gerry stand etwas abwesend neben ihr. Sie fühlte sich ziemlich unbehaglich — warm und kalt zugleich. Ihre Hände waren klamm. Das war noch nie der Fall gewesen. Fast war ihr ein bißchen schlecht. Na ja, das kam natürlich von der Nervosität. Kein Wunder nach diesen Tagen. Es war ja auch wirklich keine Kleinigkeit gewesen, das Abitur des Gymnasiums. Gerade war Rinie aus dem Raum gekommen, in dem „Griechisch" residierte. Jetzt berieten die Herren. Brrr, es war doch scheußlich! Wenn sie es nur wenigstens gleichzeitig wüßten!

Sie gehörten zur B-Klasse, die A-Klasse hatte die Resultate bereits vorgestern erfahren. Rinie und Gerry waren die einzigen Mädchen der B-Klasse. Nun ja, sie waren nun einmal besser in den naturwissenschaftlichen Fächern.

Gerry hatte von der dritten Klasse an gewußt, was sie werden wollte: Apothekerin!

Wenn sie nur bestanden hatte!

Sie ließ ihre Blicke über den Platz schweifen. Es war ein Durcheinander von hin und her schlendernden Menschen. Auf der gegenüberliegenden Seite standen vier andere

Examenskandidaten zusammen: Tom van der Donk, Joop Maas, Louis ten Brink und André Lesberg. Oje, wie ernsthaft sie dastanden. Was für gequälte Gesichter sie hatten. André sah schneeweiß aus. Sollte er wirklich so gespannt sein? Das brauchte er doch wirklich nicht. Er war der bei weitem Beste der Klasse, fand Gerry. In Mathematik ein richtiger Überflieger!

Von der Tür her kam ein Geräusch. Alle blickten dorthin. Zwei Mädchen kamen lachend aus dem Gebäude. Es waren die beiden aus der fünften Klasse.

„Sorry, daß wir euch erschreckt haben!" lachten sie.

„Quatsch!" rief Joop Maas unhöflich. „So leicht sind wir nicht zu erschrecken."

„Du siehst aber aus wie ein erschrockenes Kaninchen", gab ihm die Kleine zurück.

„Oh, was hab' ich Angst!" begann Rinie Venken.

„Ach, hör auf!" rügte Gerry sie. „Du fällst mir auf den Wecker!"

„Wenn schon! Ich sehe eben schwarz", klagte Rinie. „Ich glaub', ich hab' Homer vermasselt."

„Gut für Homer, daß er davon nichts mehr merkt", sagte Dolf Winters, der gerade vorbeikam und die letzten Worte gehört hatte.

„Na, bestimmt, denn sonst wäre er an dir längst noch einmal gestorben", fauchte Rinie. Sie konnte Dolf nicht ausstehen. Er konnte manchmal so entsetzlich anmaßend sein, fand sie.

„An mir gehen sowieso alle ein", meinte Dolf gleichmütig, „mein Examen ist im Eimer."

„Wirklich?" fragte Gerry verwundert. „Machst du dir denn gar nichts daraus?"

„Oh, man muß die Tatsachen mit nüchternen Augen

sehen", antwortete Dolf achselzuckend. „Es ist nun mal nichts zu ändern."

„Ach, das redet er nur so daher, das glaubt er ja selbst nicht", meinte Rinie boshaft.

„Nun, wenn es so ist, ist es für ihn bestimmt nicht sehr lustig", meinte Gerry nachdenklich. Sie sah Dolf nach, der mit seinem Freund Wim de Graaf wegging. „Vielleicht geht doch noch alles gut", meinte Gerry, obwohl sie gut reden hatte. „Er zeigt es vielleicht nur nicht so, weil er Angst hat, daß die Sache anders ausgehen könnte."

„Das kann sein", meinte Rinie, aber es klang ganz so, als ob sie es bedaure.

Sie sahen jetzt die vier Jungen, die an der anderen Seite des Platzes gestanden hatten, auf sich zukommen.

„Na, wie fühlt ihr euch?" fragte Tom und rieb vor Nervosität dauernd die Hände, obwohl es ziemlich warm war.

„Ach, den Umständen entsprechend ganz gut", erwiderte Gerry.

„Sagt mal, habt ihr euren Ravenberg wiedererkannt?" fragte André.

„Nein, wie freundlich der war, wie?" sagte Rinie begeistert. „Seine Stimme kam mir ganz fremd vor." Ravenberg war der Chemielehrer, er galt allgemein als sehr streng.

„Es sieht fast aus, als habe er sein Leben lang auf diesen Tag gewartet", meinte Gerry lächelnd.

„Was dich betrifft, so ist das denkbar", sagte Joop. „Du sollst doch eine fehlerlose Arbeit geschrieben haben."

„Na ja, aber sonst . . ." wehrte Gerry ängstlich ab. „Chemie ging prima, es ist ja auch mein Lieblingsfach."

„Oh, Kinder, warum beeilen die sich denn nicht ein bißchen!" Rinie trat vor Ungeduld von einem Fuß auf den anderen. „Das ist der widerlichste Augenblick im Examen. Können sie denn nicht ein kleines bißchen Rücksicht auf uns nehmen?"

„So mußt du das nicht sehen", sagte Louis ten Brink mit erzwungener Ruhe. „Ich finde, daß sie gerade auf uns Rücksicht nehmen. Wir können jetzt nichts mehr verderben. Darum lassen sie uns noch etwas in der seligen Hoffnung leben, daß wir es geschafft haben."

„Ach, das kann ich eben nicht!" rief Rinie. „Was bist du doch für ein herrlicher Optimist! Ich hab' das Gefühl, daß bei mir alles verdorben ist, und wenn ich das jetzt sicher wüßte, könnte ich mich wenigstens hemmungslos meiner Traurigkeit widmen."

„Dann mal los, geniere dich nicht!" sagte André. „Wir sind ja alle hier, um dich zu trösten."

„Du Ekel! Du hast ja überhaupt kein Gefühl!" wehrte Rinie sich, und die anderen lachten.

Wieder knarrte die Tür. Der Konrektor kam mit ernstem Gesicht über den Platz und sah sich suchend um.

„O weh, da haben wir's", flüsterte Rinie und kniff die arme, aufgeregte Gerry in den Arm.

Es ist scheußlich, dachte Gerry. Es gibt also mindestens ein Schlachtopfer, sonst sähe Vennetje nicht so aus. Auf dem Platz war es totenstill. Jeder blieb dort, wo er gerade stand, und niemand sprach auch nur ein Wort, selbst die jüngeren Klassen nicht, die doch eigentlich gar nichts damit zu tun hatten.

Die Blicke von Herrn van der Ven glitten über sie hin. Er suchte also nicht sie! Gerrys Herz schlug wie toll. Sie legte die Hand darauf, um es etwas zu beruhigen. Dann winkte der Konrektor schweigend Dolf Winters und Tom van der Donk. Die beiden liefen mit blassen Gesichtern hinter ihm her hinein. Bei den Zurückgebliebenen löste sich die Spannung.

„Kinder, wir haben's geschafft!" Rinie hüpfte vor Freude.

„Ja, natürlich", sagte Joop Maas gelangweilt.

„Gratuliere, gratuliere!" rief Cobi van Leeuwen und fiel erst Gerry und Rinie um den Hals und drückte dann den vier Jungen die Hand.

„Wenn es nur wahr ist!" meinte Gerry ängstlich.

„Ach was, du brauchst jetzt keine Angst mehr zu haben", sagte Louis. „Oder glaubst du, Vennetje habe sich geirrt? Er hat erst die Pechvögel hereingeholt. Die Glücklichen können ruhig noch ein bißchen zappeln."

„Ja, was mag mit den beiden los sein?" fragte Gerry nachdenklich. „Sind sie durchgefallen? Oder müssen sie nur zum Nachexamen?"

Wieder öffnete sich die Tür, und diesmal erschien der Rektor selbst, mit lachendem Gesicht.

Plötzlich liefen alle, die auf dem Platz warteten, mit Geschrei auf ihn zu. Er lachte und drückte, noch bevor ihm Gelegenheit zum Sprechen gegeben wurde, die Hände der sechs, die bestanden hatten.

„Ja, lacht nur!" meinte er, nachdem der Lärm sich etwas gelegt hatte. „Es ist mir eine große Genugtuung, Ihnen sechs zu diesem schönen Erfolg gratulieren zu können."

„Hurra!" jauchzte Gerry, als ob sie es erst jetzt so richtig glaubte. Und ihr Hurra wurde sofort von allen auf dem Platz übernommen. Es dauerte eine Weile, bis der Rektor sich erneut verständlich machen konnte.

„Aber jetzt müssen Sie mit mir hineinkommen", sagte er. „Die Herren der Examenskommission wollen gerade gehen."

Sie folgten ihm in den Konferenzsaal, wo ihnen nun doch die Bedeutung dieses Augenblickes recht bewußt wurde. Der Rektor nahm seinen Platz als Vorsitzender an dem langen Tisch wieder ein. Rechts und links neben ihm saßen die Komiteemitglieder und an den langen Seiten die Lehrer. Sie sahen alle gelöst und zufrieden aus und lachten den sechs Abiturienten zu. Der Rektor erhob sich und hielt den jungen Leuten eine kleine Ansprache. Gerry hörte es zwar, doch drang der Sinn seiner Worte nur unvollständig in ihr Bewußtsein. Sie mußte immer nur daran denken, wie herrlich es doch war, bestanden zu haben. Was mochten Vater und Mutter dazu sagen? Jetzt konnte sie nach Utrecht gehen und dort ihr Apothekerstudium beginnen. Herrlich, Studentin zu sein! In einem möblierten Zimmer zu wohnen mit Rinie zusammen. Das hatten sie alles schon miteinander besprochen. Rinie wollte Medizin studieren. Gerry überlegte, was für eine Note sie wohl in Chemie haben mochte. Sie hatte eigentlich keine einzige Frage unbeantwortet gelassen, aber ob es zu einer Zehn reichte ... Ach ja, sie mußte zuhören, was der Rektor zu sagen hatte ...

Er sagte gerade, für sie begänne jetzt das richtige Leben. Ja, das hatte sie schon mal gehört. Nach dem Schlußexamen sollte das Leben beginnen. Was für eine schöne Zeit würde jetzt anfangen! Nicht mehr für die eine oder andere Klassenarbeit büffeln müssen. Nicht mehr denken müssen, daß man für irgend etwas, was einem Spaß machte, keine Zeit hatte.

Natürlich, auch in Utrecht würden sie hart arbeiten müssen, aber das war doch schließlich etwas anderes.

Denn da waren dann ja auch so viele andere Dinge zu erledigen, daß sie dauernd beschäftigt sein würde. Sie konnte sich nicht vorstellen, daß sie beim Apothekerstudium etwas nicht sehr gern tun würde.

„... und darum wollen wir jetzt die Diplome unterschreiben", schloß der Rektor. Gerry schämte sich, daß sie zum Schluß eigentlich gar nicht mehr zugehört hatte. Sie blickte hastig zu Rinie hin. Aber die stand nur mit unergründlichem Gesicht da. Ob sie wohl richtig zugehört hatte?

„Gerry Brans, wollen Sie bitte herkommen?" fragte der Rektor und legte ein großes Dokument umgekehrt an den Rand des vor ihm stehenden Tisches.

Gerry schreckte auf. Sie war natürlich die erste. Zu dumm, daß ihr Name mit B begann. Etwas zögernd ging sie nach vorn.

„Haben Sie einen Füller bei sich?" fragte der Rektor freundlich. „Tja, darauf kann man sich bei den Damen nicht immer verlassen", meinte er lachend zu den Komiteemitgliedern.

„Ja, ich hab' einen", sagte Gerry triumphierend, und sie holte ihn aus der großen Rocktasche ihres hübschen Sommerkleides hervor.

„Prächtig", sagte der Rektor. „Wenn er jetzt auch noch gefüllt ist, werden wir schon klarkommen."

„O ja, ich habe ihn gerade noch gefüllt", erwiderte Gerry. Sie sah jetzt auf das große Blatt Papier. Was für ein gewichtiger Bogen! Wo sollte sie jetzt wohl unterschreiben?

„Hier!" Der Rektor zeigte es ihr.

Ein bißchen unsicher setzte Gerry ihren Namen unter die Urkunde. Der Rektor drückte ihr nochmals die Hand, und dann ging sie wie auf Wolken zu ihrem Platz zurück. Dort begann sie natürlich sofort ihre Noten zu studieren.

Ja, wahrhaftig! Da stand es. Für Chemie eine Zehn! Schnell sah sie zu Herrn Ravenberg hin. Der schien darauf gewartet zu haben, denn als er ihr strahlendes Gesicht sah, nickte er ihr freundlich zu und machte eine Handbewegung, die wohl heißen sollte: ich gratuliere!

„Du, gib mir eben deinen Füller!" flüsterte Rinie ihr ins Ohr.

„Was?" fragte Gerry geistesabwesend.

„Deinen Füller — schnell — ich bin an der Reihe!"

„Ach so, natürlich, hier", lächelte Gerry. Sie drückte Rinie unauffällig den Füller in die Hand. Aber anscheinend doch nicht ganz unbemerkt, denn André hatte es gesehen. Er kniff Gerry ein Auge zu, während Rinie auf die Aufforderung des Rektors hin zum Tisch ging. Sie schien mit dem Füller aber nicht gut zurechtzukommen, denn der Rektor fragte: „Geht's nicht? Sie haben ihn doch wohl gefüllt?"

Als Rinie auf ihren Platz zurückkehrte, murmelte sie: „Was hast du bloß für einen elenden Füller?"

„Einen ganz tollen", flüsterte Gerry zurück, „aber er tut's noch längst nicht für jeden."

„Pfff, das hab' ich gemerkt. Jetzt habe ich auf Lebzeiten eine ganz verkritzelte Unterschrift unter meinem Diplom", murmelte Rinie noch leiser.

Jetzt stand das älteste Komiteemitglied auf. Gerry nahm sich zusammen, um diesmal aufmerksamer zuzuhören. Es war ein freundlicher alter Professor, fand sie. Seine Stimme klang so väterlich, daß sie keine Mühe hatte, aufmerksam auf das zu hören, was er ihnen zu sagen hatte.

„Zuallererst, meine lieben jungen Leute, möchte ich Sie von Herzen beglückwünschen. Ihr Erfolg ist die Krönung eines sechsjährigen Studiums. Sie werden gewiß stolz darauf sein. Und sicherlich werden Sie sich jetzt ein Weilchen auf diesen Lorbeeren ausruhen wollen. Das ist Ihr gutes Recht. Und es ist Ihnen auch gegönnt. Aber auf Lorbeeren kann man nicht lange ruhen! Denn Lorbeeren verlieren ihre Frische und sind dann keine geeignete Ruhestätte mehr. Darum möchte ich Ihnen am heutigen Tage noch ein ernstes Wort mit auf den Weg geben."

Er sah sie nacheinander an. Alle warteten aufmerksam auf das, was jetzt kommen würde.

„Meine lieben jungen Leute, Sie haben ein großes Vorrecht genossen. Sie haben heute ein Diplom erhalten. Das Zeugnis gibt Auskunft über den Grad Ihrer Kenntnisse. Aber es zeigt nicht, was Sie sind. Was Sie sind, müssen Sie von heute an beweisen. Es ist, wie ich schon sagte, ein großes Vorrecht, daß Sie mit dem Reifezeugnis des Gymnasiums beginnen können. Sie haben dies nicht nur sich selbst zu verdanken."

Wieder machte er eine Pause und sah ernst in die jungen Gesichter.

„Zuerst haben Sie Gott zu danken, der Ihnen die Gaben geschenkt hat. Aber Sie haben auch den Menschen zu danken, besonders Ihren Eltern, die Ihnen unter Opfern die Möglichkeit gegeben haben, sorglos zu studieren. Damit meine ich nicht so sehr die geldlichen Opfer wie die Schaffung einer Atmosphäre, in der Sie arbeiten und sich weiterentwickeln konnten. Ihr weiterer Dank sollte der Gemeinschaft gelten. Über diesen Punkt haben Sie wahrscheinlich noch gar nicht nachgedacht. Aber es ist wirklich die Gemeinschaft, die Ihnen die Voraussetzung zum Schulbesuch schuf. Denn die Mehrzahl Ihrer Eltern wäre nicht in der Lage gewesen, Sie auf eigene Kosten studieren zu lassen. Dazu bedarf es ungeheuer vieler Dinge, die erst durch den Staat ermöglicht werden. Und der Staat, das ist die Gemeinschaft. Das sind wir alle.

Jetzt werden Sie auch verstehen, daß das Vorrecht, das Sie heute empfingen, Ihnen auch Verpflichtungen auferlegt. Die Urkunde, die Sie da in der Hand halten, ist ein Beweis Ihres Könnens. Aber sie legt Ihnen zugleich eine große Verantwortung auf. Gott, der Ihnen die Gaben schenkte, und die Gemeinschaft, die es Ihnen ermöglichte, diese Gaben zu entwickeln, fragen Sie, was Sie damit beginnen werden. Die Menschheit braucht Kräfte, die sie führt und weiterbringt. Sie haben Ihre Fähigkeiten bewiesen. Jetzt ist es Ihre Pflicht, diese Fähigkeiten zu nützen. Darauf hat die Menschheit ein Recht, und Gott ruft Sie dazu auf.

Zum Schluß habe ich Ihnen nur noch zu sagen: Wir wissen, was Sie können. Lassen Sie uns jetzt sehen, was Sie sind! Erfüllen Sie die Erwartungen, die wir billigerweise in Sie setzen. Dazu wünsche ich Ihnen von ganzem Herzen Gottes Segen bei Ihren Bemühungen."

Nach diesen Worten war es still im Konferenzsaal. Der alte Professor hatte sich wieder gesetzt. Die Jungen und Mädchen sahen einander nicht an. Sie standen ganz unter dem Eindruck dessen, was gesagt worden war.

Dann hörte man einen Schritt. Es war André Lesberg, der vor seine Klassengenossen getreten war. Mit leiser, aber deutlicher Stimme sagte er:

„Wir danken Ihnen, Herr Professor, für das, was Sie uns gesagt haben. Wir werden unser Bestes tun, das zu erreichen, was von uns erwartet wird, das versprechen wir..."

Es war eine sehr kurze Ansprache, aber niemand nahm Anstoß daran, weil sie so offensichtlich von Herzen kam.

Gerry war sehr froh, daß André das gesagt hatte. Genau dasselbe fühlte auch sie.

Die Spannung war jetzt gebrochen. Der Rektor und die Lehrer erhoben sich. Sie traten zu den jungen Leuten, um ihnen noch einmal persönlich zu gratulieren. Für Gerry geschah dies alles wie in einem Traum. Endlich waren sie draußen. Dort wurden sie gleich wieder mit Geschrei empfangen. Es waren jetzt auch ein paar Mädchen dabei, die das Examen bereits vor ein paar Tagen hinter sich gebracht hatten. Es waren Hetty Huismans und Toos Willems, die es beide bestanden hatten. Sie hatten zwar nicht alle Fächer gemeinsam gehabt, doch waren die vier viel zusammen gewesen. Und natürlich hatte sich die übliche Rivalität bemerkbar gemacht.

„Hallo, ihr beiden, stimmt's, daß ihr auch durch seid?" Hetty ging lachend auf die beiden zu.

„Ja, prima, nicht wahr? Ich bin ja so froh, Kinder, daß wir's jetzt hinter uns haben!" rief Rien. „Lange hätte ich's nicht mehr ausgehalten."

„Ein Mensch wird nie über seine Kräfte beansprucht", erklärte Gerry altklug. „Aber ich war auch ziemlich am Ende", gestand sie.

„Was macht ihr heute abend?" fragte Toos.

„Ich möchte am liebsten sagen: mir noch einmal Geschichte durch den Kopf gehen lassen", sagte Rinie boshaft. „Aber gerade fällt mir ein, daß das ja nicht mehr nötig ist. Herrlich, Kinder! Wir brauchen vorläufig überhaupt nichts mehr zu tun!"

„Ich geh' jetzt erst einmal nach Hause", sagte Gerry „Sie werden schon gespannt sein, wie es geworden ist.'

„Ich hab' deinen Bruder vorhin gesehen. Der drückte sich hier herum, der . . ." erzählte Hetty.

„Vincent?" fragte Gerry.

„Ja, der — oder der andere. Ich kann sie einfach nicht auseinanderhalten", lachte Hetty.

„Auf Wiedersehen, Kinder!" rief Gerry lachend. „Wirklich, ich hab' noch keine Ahnung, was ich in diesen Tagen machen werde. Ich werde erst wieder ganz da sein, wenn ich ausgeschlafen bin."

„Ich auch", stimmte ihr Rinie bei.

„Ich bin gespannt, von welcher von beiden wir zuerst wieder etwas hören werden", sagte Toos. „Daraus kann man dann schließen, wie schwer sie gearbeitet hatten."

Gerry ging allein los. Und plötzlich rannte sie wie besessen. Sie wollte so schnell wie möglich zu Hause sein, um alles zu erzählen. Wie mochte es Tom und Dolf jetzt zumute sein? Nach denen hatte sie ganz zu fragen vergessen. Die hatte sie überhaupt nicht mehr gesehen. Das war wahrscheinlich auch das Beste. Es würde für sie bestimmt nicht leicht gewesen sein, inmitten der Fröhlichkeit derer, die bestanden hatten, zu sitzen. Man mußte sich nur einmal vorstellen, daß man selbst durchgefallen wäre.

Sie brauchte nicht zu klingeln. Als sie vor der Haustür ankam, flog sie von selbst auf.

„Hurra! Da ist sie!" rief Fons nach hinten. Und sofort kamen sie alle an. Vater, Mutter, Karien mit der kleinen Leonieke auf dem Arm und Theo, einer der Zwillinge.

„Herzlichen Glückwunsch, mein Kind! Wie schön, daß du da bist!" sagte Mutter und umarmte sie.

„Ich bin sehr stolz auf meine Tochter!" sagte Vater herzlich, während er sie küßte. Und Gerry konnte an seinen Augen sehen, daß er es wirklich so meinte.

„Sagt mal, komm' ich eigentlich auch an die Reihe, zu gratulieren?" fragte Karien lachend.

„Oh, hast du den kleinen Schatz auch mitgebracht?" rief Gerry und nahm Leonieke Karien vom Arm. Leonieke war ihr Liebling. Das kleine Ding lachte ihr sofort zu.

„Woher wußtet ihr eigentlich so genau, daß ich bestanden habe?" fragte Gerry dann verwundert. Karien wohnte mit ihrem Mann Theo und ihrer neun Monate alten Tochter am anderen Ende der Stadt.

„Ach, wir haben das geahnt", sagte Theo. „Wir hatten ziemlich sicher damit gerechnet, daß wir hierherkommen sollten."

„Übrigens gibt es ja auch Telefon", fügte Karien hinzu.

„Ich hab' ja an der Schule nachgehört", verriet Vincent, die eine Hälfte der vierzehnjährigen Zwillinge. „Du hast mich überhaupt nicht gesehen, was?" schloß er stolz.

„Und da wußten wir, daß wir Kuchen holen mußten", sagte Fons. „Tolle Sachen, ha!"

„Herrlich!" Gerry freute sich ihm zuliebe. In Wahrheit machte sie sich gar nichts aus Süßigkeiten.

„Sagt mal, wollt ihr hier im Gang übernachten?" fragte Vater. „Ich bin eigentlich mehr für den Garten."

„Ja, ich auch", seufzte Gerry, die sich allmählich doch ziemlich erledigt fühlte.

„Komm jetzt erst einmal mit mir", sagte Mutter und blickte sie etwas besorgt an. „Es ist draußen schon alles gedeckt."

„Darf man mal dein Zeugnis sehen?" fragte Theo. Gerry gab es ihm, und dann standen sie alle zusammen und sahen es sich an.

„Donnerwetter, in Chemie hat sie eine Zehn!" sagte Fons ehrerbietig.

„Wirklich?" fragte Mutter. „Kind, wie schön, vor allem wegen deiner Studienpläne."

„Und Mathematik ist auch ausgezeichnet", sagte Vater. „Zwei Achten sind dabei ..."

„Was hab' ich eigentlich in Latein?" fragte Gerry plötzlich neugierig.

„Eine Sechs", sagte Theo.

„Na, das ist ja noch zu ertragen", sagte Gerry. „Es lief so schlecht, daß ich schon dachte, ich bekäme ungenügend."

Sie ließ sich in einen der Gartenstühle fallen, und zwar in einer Art, die deutlich zeigte, daß sie vorläufig nicht imstande sein würde, sich wieder daraus zu erheben. „Oh, was bin ich müde!" seufzte sie.

„Ist es dir auch warm genug?" fragte Mutter besorgt. „Du siehst so blaß aus."

„Nein, nein, ich bin nur müde", sagte Gerry. „Aber das stört mich nicht, denn ich brauche ja überhaupt nichts mehr zu tun. Oh, Kinder, ist das herrlich, daß jetzt alles vorbei ist!" Sie lehnte sich in dem gemütlichen Stuhl behaglich nach hinten und blickte sich zufrieden um. Wie schön war es doch zu Hause, mit all den lieben Menschen um sich herum, die sich über ihren Erfolg fast genauso freuten wie sie selbst.

Es wurde ein sehr anregender Abend. Sie saßen zusammen, bis es vollkommen dunkel war. Mutter hatte ein paar belegte Brote gemacht, und Karien half ihr bei den kleinen Arbeiten, die noch erledigt werden mußten. Gerry saß noch eine Weile mit Leonieke auf dem Arm, bis die Kleine in ihr Bettchen zurück mußte.

Später, als sie alle in ihren Schlafzimmern waren, blieb sie noch eine Weile am Fenster ihres Zimmers sitzen. Es war ein herrlicher Abend, ein Abend, an dem man eigentlich gar nicht schlafen gehen sollte, fand Gerry. Sie saß auf der Fensterbank und blickte nach den Sternen, die millionenfach am Himmel standen. In diesem Augenblick fühlte sie sich wunschlos glücklich.

Allerlei Erinnerungsbilder drängten sich ihr auf. Die letzten Tage waren fast wie in einem Traum an ihr vorübergezogen. Jetzt, da alles vorüber war, wirkte es so unwirklich. Und sie erinnerte sich an den herrlichen Augenblick, in dem sie sicher wußte, daß sie bestanden hatte. Daß all die Arbeit doch nicht umsonst gewesen war.

Jetzt hatte sie Ruhe! Morgen konnte sie ausschlafen und nur das tun, was ihr Spaß machte. Die Drohung des Examens war vorüber.

Wie hatte sie es überhaupt als eine Drohung betrachten können? Eigentlich waren es einzigartige Tage gewesen. Alle waren besonders nett zu ihr gewesen. Mutter mit ihrer Fürsorglichkeit! Lächelnd dachte Gerry an die Eier beim Frühstück und an die Besorgnis, mit der Mutter jeden Abend noch einmal zu ihr hereinkam und nachsah, ob sie auch warm genug lag und sich nicht zuviel Sorgen machte. Und Vater fragte immer voller Interesse, wie es ihr ergangen war. Sie antwortete nicht so sehr gern darauf, aber es war so gut von ihm gemeint! Die Jungens hatten sich ihretwegen besonders ruhig verhalten... Und dann in der Schule selbst. Ihre Kameradschaftlichkeit in den Wartestunden zwischen den Examen, die herzliche Sorge der jüngeren Klassen, die sie mit Tee und Limonade versorgt hatten.

Plötzlich aber schob sich ein Schatten über ihre Freude, der Gedanke an Dolf Winters und Tom van der Donk. Es war irgendwie nicht in Ordnung, daß sie sich gar nicht weiter um sie gekümmert hatte. Sie waren beide durchgefallen, das hatte ihr Rinie eben telefonisch gesagt. Wie scheußlich für die Jungen! Alle Arbeit umsonst, die Zukunftspläne zerbrochen! Tom würde vielleicht nicht einmal mehr die Chance zur Wiederholung bekommen. Er war, wie sie wußte, bereits einundzwanzig und mußte zum Wehrdienst. Auch Dolf war wohl kaum so gleichgültig, wie er tat. Sie hatte sein Gesicht gesehen, als Vennetje ihn hereinrief.

Aber dann glitten ihre Gedanken wieder zu dem Augenblick, in dem sie im Konferenzzimmer das begehrte Papier in der Hand hielt. Sie hörte wieder die Worte des alten, klugen Professors, die so tiefen Eindruck auf sie gemacht hatten. Ja, bestimmt, sie würde tun, was er von ihnen verlangt hatte. Sie würde beweisen, daß sie des Vertrauens würdig war, das die Gemeinschaft in sie setzte. Sie würde hart arbeiten, um eine gute Apothekerin zu werden. Es gab noch so viele Dinge, die sie lernen mußte. Sie wollte jemand werden, der der Menschheit nützlich war. Sie wollte eine kluge Frau werden ...

Wieder sah sie nach den Sternen. Sie fühlte Tränen über ihre Wangen laufen, aber sie wischte sie nicht fort. Danke, Gott, dachte sie tief im Herzen. Nur das, mehr als das war nicht nötig. Ihr Leben war gut und schön. Sie würde etwas daraus machen.

Auf Zimmersuche

„Du liebe Zeit, schon halb neun!" erschrak Gerry, als sie ins Wohnzimmer kam. „Ich hatte gar keine Ahnung, daß es schon so spät ist."

„Ich habe dich doch aber ein paarmal gerufen", erwiderte ihre Mutter, die gerade Staub wischte, etwas ärgerlich.

„Ja, ja, Mams", lachte Gerry vergnügt, „das hab' ich auch ganz gut gehört." Sie hatte sich auf einen Stuhl am Tischende fallen lassen, wo noch für sie gedeckt war. Schnell schmierte sie sich ein Butterbrot. „Leider kann ich nicht mehr für dich einkaufen, dazu ist keine Zeit mehr", sagte sie, während sie von dem Brot abbiß und sich gleichzeitig eine Tasse Tee eingoß, die natürlich lauwarm war, weil er schon viel zu lange stand.

„Darum ging es mir nicht", erwiderte Mutter, wobei sie vom Radio aus, mit dem sie gerade beschäftigt war, zu Gerry hinsah. „Ich meinte, daß du in letzter Zeit überhaupt so spät herunterkommst. Das gefällt mir nicht."

„Aber, Mutter, ich hab' doch Ferien! Die ganze Zeit vorher hab' ich immer um halb sechs aufstehen müssen. Nun will ich endlich mal diesen Vorteil genießen."

„Immerhin geht das nun schon sechs Wochen so", sagte Mutter. „Allmählich könntest du jetzt wohl ausgeruht sein."

„Mutter, ich gelobe feierlich Besserung!" erwiderte Gerry unbekümmert. „Ganz bestimmt! Ab morgen stehe ich wieder früher auf. Aber jetzt mußt du auch wieder nett zu mir sein."

Mutter lachte vor sich hin.

„So ist es richtig", lachte Gerry zurück. Mit einem raschen Blick zur Uhr nahm sie sich noch eine zweite Brotscheibe.

„Weißt du, ich habe schon darüber nachgedacht, wie das wohl in Utrecht werden mag, wenn niemand ein Auge auf dich hat."

„Das hab' ich dann bestimmt selber", versicherte Gerry. „Du solltest mal sehen, wie früh Rinie und ich immer aufstehen werden. Das müssen wir ja schließlich auch, denn anders kommen wir zu nichts."

„Holt Rinie dich ab?" fragte Mutter, die damit das Thema wechselte.

„Nein, wir haben uns auf dem Bahnsteig verabredet", sagte Gerry. „Aber jetzt muß ich gehen. Wiedersehen!"

Sie sprang auf. „Wo ist meine Tasche?" Sie blickte sich hastig um. „Oh, da, so ein Dussel! Ich hatte sie mir gestern abend schon zurechtgestellt." Sie ergriff die hübsche Tasche, die sie sich selbst mit großen Sommerblumen auf grobem Leinen bestickt hatte.

„Hast du auch Geld?" fragte Mutter.

„Ja, sicher. Vater hat mir gestern abend einen Zehnguldenschein für diesen bedeutungsvollen Tag gegeben", erwiderte Gerry feierlich.

„Na, dann also viel Erfolg!" sagte Mutter herzlich. Aber Gerry hörte das schon nicht mehr. Sie schnappte sich ihren Regenmantel von der Garderobe und war schon zur Tür hinaus. Sie lief bereits die Straße hinunter, als sie bemerkte, daß es herrliches Wetter zu werden versprach. Aber jetzt konnte sie nicht mehr umkehren und den Mantel zurückbringen. Na ja, dann mußte sie sich eben den ganzen Tag über umsonst mit dem Ding abschleppen. Aber wer weiß, vielleicht kam doch noch ein Gewitter, dachte sie optimistisch. Wie herrlich, einen solch schönen Tag zusammen mit Rinie verbringen zu können! Sie würden zusammen bestimmt eine Menge Spaß haben. Mittags wollten sie gemütlich irgendwo essen. Und wenn es schließlich auch nur ein paar belegte Brote mit Kaffee waren. Viel konnte man sich mit einem Zehnguldenschein nicht leisten, wenn man davon auch noch die Rückfahrt bezahlen mußte.

Lieber Himmel, schon acht Minuten vor neun zeigte die Bahnhofsuhr, als sie vor dem Gebäude ankam! Sie begann zu laufen. Der Zug ging um fünf vor neun. Sie rannte durch die Halle. Zum Glück ging bei dem am weitesten rechts gelegenen Schalter gerade der letzte Reisende weg, so daß sie sofort abgefertigt wurde.

„Utrecht und zurück!" rief sie durch die Luke.

„Da müssen Sie sich aber beeilen, Fräulein", sagte der Mann dahinter, während er die Karte und das Wechselgeld auf die Drehscheibe legte. Sie raffte alles zusammen, murmelte: „Das weiß ich selbst!" und rannte weiter. Der Kartenknipser, wie sie ihn immer nannten, hielt sie zum Glück nicht weiter auf. „Laufen Sie nur durch, Fräulein!" meinte er gutmütig, und das ließ Gerry sich nicht zweimal sagen. Treppe hinauf — Treppe hinunter! Der Zug stand zum Glück noch. Aber der Bahnsteig war schon leer. Sie sprang auf den letzten Wagen auf, wo jemand dienstfertig die Schiebetür vor ihr öffnete. Keuchend hielt sie sich an der Stange fest. Jetzt fuhr der Zug an. Verlegen lächelte sie den jungen Mann an, der ihr geholfen hatte, noch hineinzukommen.

„Vielen Dank", sagte sie. „Das paßte aber so gerade noch, wie?"

„Ach, das hab' ich auch schon oft so gemacht", lachte der junge Mann. „Mit der Zeit gewöhnt man sich daran." Er klappte eine der Sitzbänke herunter und holte eine Zeitung heraus.

„Ach, hier sitzt du! Ich sah dich zwar mit dem Leben spielen, aber ich wußte nicht, ob du es noch geschafft hattest", sagte Rinie plötzlich. Sie stand in der Schiebetür, die bei kälterem Wetter den Wagen verschloß.

„Ja, ich hätte ihn fast nicht mehr erwischt", sagte Gerry noch immer keuchend.

„Ich guckte aus dem Fenster, um dir zu winken, als du angesaust kamst", sagte Rinie vorwurfsvoll. „Ich hab' nämlich einen Platz für dich frei gehalten."

„Fein", sagte Gerry. „Ich bin vollständig erledigt. Wo ist er?"

Sie ging hinter Rinie durch den Wagen, in dem es sehr warm war.

„Puh, ich zerfließe allmählich", stöhnte Gerry und setzte sich auf den noch freien Platz.

„Kein Wunder, wenn man so rennt wie du. Warum kommst du überhaupt so spät?" fragte Rinie. „Neun Uhr ist doch wirklich nicht so fürchterlich früh."

„Das meint Mutter auch", lachte Gerry. „Aber ich hatte mich nun mal verschlafen."

„Hattest du Angst, es würde dir heute zu kalt?" fragte Rinie spottend mit einem Blick auf Gerrys Mantel.

„Nein, den hab' ich gegen die Mücken mitgenommen", antwortete Gerry.

„Sag mal, hast du eigentlich eine Ahnung, wohin wir müssen?" fragte Rinie.

„Nun, natürlich zum Universitätsgebäude", sagte Gerry, während sie sich mit ihrem Taschentuch Kühlung zufächelte. „Da bekommt man Adressen von freien Zimmern. Du hast dich da doch sicher auch einschreiben lassen."

„Natürlich", entgegnete Rinie.

„Na also, dann gehen wir dorthin", entschied Gerry. „Ich hoffe, daß wir etwas Gutes finden werden. Stell dir vor, wir müßten heute abend unverrichteter Sache heimkehren!"

„Ach, Zimmer kriegen wir doch bestimmt!" meinte Rinie erstaunt. „Eine Stadt wie Utrecht ist doch darauf eingestellt."

„Schon, aber du darfst auch nicht fragen, wie viele Leute davon Gebrauch zu machen beabsichtigen. Es kommen doch in jedem Jahr mehr Studenten hin."

„Na ja, wir werden sehen", sagte Rinie unbekümmert. „Wir haben ja den ganzen Tag Zeit und brauchen uns also nicht zu beeilen. Prima, so den ganzen Tag zusammen unterwegs zu sein! Wohin gehen wir zum Mittagessen?"

„Menschenskind, rede doch noch nicht vom Essen!" seufzte Gerry. „Ich hab' mein Frühstücksbrot so schnell in mich hineinstopfen müssen, daß es anscheinend in der Speiseröhre steckengeblieben ist."

„Das ist aber ungesund, weißt du!"

„Ach — wirklich?" tat Gerry erstaunt. „Was du nicht sagst!"

„Sei nicht frech!" warnte Rinie und mußte gleichzeitig über Gerrys verschmitztes Gesicht lächeln.

„Ja, ich werde mich wohl daran gewöhnen müssen, von jetzt an auf eine natürliche und hygienische Lebensweise zu achten. Ob wir nicht doch lieber getrennte Zimmer suchen?" fragte Gerry mit todernstem Gesicht. „Das Rennen heute morgen war natürlich auch ungesund. Wie ist deine Meinung?"

„Biest!" sagte Rinie. „Ja, vielleicht ist es wirklich besser", nahm sie kurz darauf den von Gerry geworfenen Ball auf. „Ich hab', offen gestanden, nicht viel Spaß daran, mit einer Giftmischerin unter einem Dach zu wohnen."

„Hihi!" lachte Gerry und räkelte sich gemütlich in ihrer Ecke. „Ich bin viel zu faul, um mich mit Giftmischen zu beschäftigen. Ich werde immer nur ganz brav deine Rezepte zusammenstellen."

Ein Lächeln lag auf Gerrys Gesicht. Was redeten sie doch manchmal für dummes Zeug! Ein Fremder, der ihnen zuhörte, mußte wirklich glauben, sie seien nicht ganz bei Verstand. Aber sie machten das hin und wieder, wenn sie nichts Besseres zu tun hatten. Es war jedoch keineswegs die einzige Gesprächsform zwischen ihnen beiden. Rinie war wirklich eine gute Freundin, von der ersten Klasse an.

Dort hatten sie sich kennengelernt, nachdem sie vorher auf zwei verschiedenen Grundschulen gewesen waren. Man hatte sie nebeneinandergesetzt, und daraus hatte sich dann alles sozusagen von selbst ergeben. Sie hatten die Strafarbeiten geteilt, aber sie hatten auch größere Unternehmungen zusammen geplant. Gemeinsam hatten sie den Geheimnissen der Griechen und Römer nachgespürt und die schwierigsten mathematischen Probleme gelöst. Gemeinsam hatten sie eine Menge ausgeheckt, Pläne für die Zukunft gemacht und von großen Dingen geträumt. Sie paßten ausgezeichnet zueinander, obwohl sie ganz verschieden veranlagt waren. Rinie war schnell und energisch, sehr gewissenhaft und genau. Für sie gab es niemals einen Kompromiß; was sie wollte, das erreichte sie auch. Sie würde eine gute Ärztin werden.

Gerry war völlig anders. Es war ihr nicht immer so gut gegangen, und wenn Rinie nicht gewesen wäre, hätte sie bestimmt Federn lassen müssen. Vor allem in Mathematik befand sie sich immer etwas auf Glatteis. Einige Male wäre sie beinahe sitzengeblieben und hätte fast den Mut verloren. Aber immer wieder hatte Rinie ihr geholfen und ihr Mut gemacht. Sie hatte auch Erfolg damit. Das bewies am besten die Zehn in Chemie. Aber es war doch noch einiges mehr notwendig gewesen, um das zu erreichen. Und daß ihr da etwas fehlte, das wußte sie selbst nur zu gut.

Darum war es gut, daß sie in Utrecht zusammen wohnen würden. Rinie würde schon dafür sorgen, daß wirklich gearbeitet wurde. Und sie selbst würde dafür sorgen, daß es in ihrer Bude gemütlich war. Denn das wiederum brauchte Rinie von ihr. Sie würden einander prächtig ergänzen.

Rinies Vater hatte zwar zunächst etwas dagegen gehabt,

daß Rinie nach Utrecht ging. Er hätte sie lieber in Nimwegen gesehen. Aber dann hätten sie sich trennen müssen, denn Gerry hätte in Nimwegen nicht Pharmazie studieren können. So hatte schließlich auch er es besser gefunden, wenn sie zusammen nach Utrecht gingen.

Gerry sah die ihr gegenübersitzende Rinie an. Sie blätterte in einem kleinen Notizbuch.

„Sieh mal, wir können in der Uni auch essen", sagte sie plötzlich.

„Ja, ich weiß", sagte Gerry. „Das wird auch sicher das einfachste und billigste sein, glaub' ich. Truus hat mir erzählt, daß sie es auch macht. Sie sagt, daß es dort sehr gut ist."

Truus war ein Mädchen, das das Abitur im vergangenen Jahr bestanden hatte und jetzt seit einem Jahr in Utrecht Französisch studierte. Sie hatten sie im Laufe dieses Jahres einige Male gesprochen, sonst aber doch wenig Verbindung mit ihr gehabt. Sie hatten auch keine große Sehnsucht danach. Truus würde hier sicher ihren eigenen Bekanntenkreis haben.

„Wir suchen uns natürlich ein Zimmer ohne Verpflegung", begann Rinie wieder.

„Ja, natürlich", sagte Gerry. „Sonst wird es ja viel zu teuer. Außerdem ist es netter. Wir gehen mittags in die Mensa zum Essen. Und für die kleinen Mahlzeiten sorgen wir selbst, zum Abendessen kochen wir eine Tasse Kaffee."

„Ja, einverstanden", sagte Rinie. „Aber dann müssen wir zumindest eine Kaffeekanne haben", gab sie mit verlegenem Gesicht zu bedenken.

„Das ist eine gute Idee", lachte Gerry. „Ich glaube aber, daß wir noch einiges mehr brauchen werden als nur eine

Kaffeekanne. Schließlich fangen wir doch einen eigenen Haushalt an. Übrigens, wegen der Kaffeekanne brauchst du dir keine Sorgen zu machen. Ich habe von Karien eine reizende kleine Filterkanne zum Abitur bekommen. Als symbolisches Geschenk, wie sie sagte."

„Oh, wie nett!" lachte Rinie. Offenbar begann sie erst jetzt so richtig zu begreifen, was das Zusammenwohnen von ihnen beiden mit sich bringen würde. Sie hatte darüber wohl noch gar nicht nachgedacht. Sie suchten zusammen ein Zimmer, und damit war bisher die Sache für sie erledigt gewesen.

Der Zug verminderte seine Geschwindigkeit. Gerry sah aus dem Fenster.

„Da ist Utrecht!" rief sie und sprang auf.

„Wie gut! Dann kommen wir ja endlich aus diesem Treibhaus heraus", sagte Rinie. Sie räumte ihre Siebensachen zusammen. „Hier ist dein Mückenpanzer!" Sie bot Gerry deren Regenmantel an.

„Danke!" Gerry hing sich den Mantel achtlos über den Arm.

Die Mädchen sprangen auf den Bahnsteig hinaus und standen kurz darauf unten auf der Straße vor dem Bahnhofsgebäude.

„Hast du jetzt eine Ahnung, wohin wir gehen müssen?" fragte Gerry.

„Ja, nach Lepelenburg. Wir müssen die Linie zwo nehmen, wenn ich mich nicht irre", antwortete Rinie.

„Na, ich hoffe von Herzen, daß du dich wirklich nicht irrst", meinte Gerry. „Da du das aber für gewöhnlich nicht tust, wollen wir es also wagen."

Nach einigem Suchen kamen sie tatsächlich zur richtigen Adresse.

„Kann man hier denn ohne weiteres hineingehen?" fragte Gerry zögernd.

„Ja. Dies ist doch kein normales Haus, sondern das Universitätsgebäude", erwiderte Rinie. „Das ist doch der Zweck, daß jeder, der etwas wissen will, hier hereinkommt."

Sie gelangten in einen kleineren Büroraum, in dem ein junges Mädchen an der Schreibmaschine saß. Es stand auf und ging auf die beiden zu.

„Kann ich Ihnen behilflich sein?" fragte das Mädchen freundlich.

„Ja, wir suchen ein preiswertes Zimmer", erwiderte Rinie.

„Ich werde eben nachsehen." Das·junge Mädchen ging zu einem großen Schrank und nahm einen Kasten mit Karteikarten heraus. „Es wird wohl noch glücken, glaub' ich."

„Ist das denn nicht sicher?" Gerry erschrak.

„Nun ja, Sie kommen ziemlich spät", meinte das junge Mädchen, während es die Karten durch die Finger gleiten ließ. „Was suchen Sie eigentlich — mit oder ohne Verpflegung?"

„Ohne", sagte Rinie.

„Und wie teuer ungefähr?"

„Tja, vorerst nicht zu teuer", sagte Gerry. „Auf keinen Fall mehr als fünfzig Gulden."

„Das ist für mich zuviel", sagte Rinie erschrocken. „Ich muß mit vierzig auskommen."

„Ich fürchte, daß dann in der Innenstadt nicht mehr viel zu machen sein wird", meinte das junge Mädchen und sah eifrig weiter die Karten durch.

„Eigentlich wollten wir gern zwei Zimmer im gleichen

Haus", sagte Gerry, der plötzlich ihre Betrachtungen im Zuge einfielen.

„Das macht die Sache noch schwieriger", antwortete das Mädchen nachdenklich. „Sie sind sicher Neuzugänge?"

„Das sind wir allerdings", lächelte Gerry.

„Wenn Sie schon im vergangenen Jahr hier gewesen wären, dann hätten Sie sich wahrscheinlich um die im Juli frei werdenden Zimmer gekümmert. Da sind dann immer die besten Möglichkeiten. Halt — hier ist etwas. Zwei Zimmer in der Gartenstraße, eins für fünfundvierzig und eins für achtunddreißig Gulden. Aber das scheint kein günstiges Angebot zu sein, sonst wären die Zimmer schon längst belegt. Ich kann mich erinnern, die Adresse schon mehrere Male herausgegeben zu haben."

„Wir können es ja doch mal versuchen", sagte Rinie. „Wie ist die genaue Adresse?" Sie holte ihr Notizbuch und ihren Füllhalter hervor. Das junge Mädchen diktierte Rinie die Adresse und fand auch noch ein paar andere heraus.

„Aber wenn die alle nicht passen sollten, werden Sie weiter draußen suchen müssen", erklärte das Mädchen.

„Daran hindert uns ja nichts", sagte Gerry.

„Nun ja, im Winter oder wenn es regnet, dann kostet so etwas natürlich eine Menge Fahrgeld", gab das Mädchen zu bedenken.

„Wir könnten doch unsere Fahrräder mit hierher bringen", schlug Gerry vor.

„Ja", stimmte ihr Rinie zu, „aber bei schlechtem Wetter ist ein kurzer Weg eben doch sehr viel angenehmer als ein langer."

„Ja, das allerdings", mußte Gerry zugeben. „Also probieren wir es erst bei den Adressen hier in der Stadt."

„Sollten wir uns die anderen nicht auch noch aufschreiben?" fragte Rinie mit gezücktem Federhalter.

„Tu das lieber, sonst müssen wir vielleicht noch heute vormittag mit hängenden Ohren hierher zurückkommen", meinte Gerry. Rinie schrieb also noch einige auf.

„Viel Glück", sagte das junge Mädchen und stellte den Kasten mit den Karten wieder weg. „Geben Sie mir bitte Bescheid, wenn Sie Erfolg gehabt haben. Dann kann ich die Karten weglegen. Sonst bemüht sich der nächste vielleicht umsonst."

„Erst einmal zur Gartenstraße!" entschied Rinie.

Sie fanden die Adresse ohne viel Mühe. Ein älterer Mann öffnete ihnen. Er sah sie mißtrauisch an.

„Wir — wir bekamen Ihre Anschrift von der Universität", nahm Rinie das Wort. „Stimmt es, daß Sie zwei Zimmer zu vermieten haben?"

„Die hatten wir", erwiderte der Mann, „aber heute morgen hat ein junger Mann das Zimmer für achtunddreißig Gulden genommen. Wir haben jetzt also nur noch das größere Zimmer abzugeben."

„Wie schade!" sagte Rinie enttäuscht. „Wir wollten so gern zusammen wohnen, wissen Sie."

„Ja, dann werden Sie wohl noch weiter suchen müssen", antwortete der Mann. „Es tut mir leid."

Rinie ging die Adressen in ihrem Notizbuch durch. „Da scheint noch etwas Passendes zu sein", meinte sie zuversichtlich.

„Nun, dann auf ein Neues!" sagte Gerry. Sie hatten noch die ganze Liste vor sich, es war also nicht so schlimm. Die zweite Adresse fanden sie schnell. Das Haus am Katherinenkanal wirkte ein bißchen alt und verfallen, aber man konnte natürlich nicht wissen, wie es innen aussah. Auf ihr Klingeln öffnete ihnen ein etwa vierzehnjähriges Mädchen.

„Ich rufe eben meine Mutter", sagte es verlegen, nachdem Rinie den Grund ihres Kommens genannt hatte.

„Ja, wir haben zwei Zimmer frei", sagte die Mutter, die gleich darauf erschien. Es war eine magere, blasse Frau. Sie stellte sich als Frau van Voorne vor. Sie trug ein Kleid, das früher sicher sehr teuer gewesen war, jetzt aber deutliche Spuren jahrelangen Tragens aufwies. Ihr Gesichtsausdruck und ihr ganzes Auftreten ließen vermuten, daß sie viel mitgemacht hatte. Ihre Stimme war sanft und freundlich.

„Können wir die Zimmer wohl sehen?" fragte Rinie.

„Aber natürlich, kommen Sie nur mit!" antwortete die Dame und ging vor den beiden Mädchen nach oben. „Dies ist das größere", erklärte sie und öffnete eine Tür. Neugierig traten die beiden ein. Es war ein hübsches Zimmer mit Balkon, sehr freundlich und sauber, aber doch ein bißchen altmodisch, fand Gerry. Es enthielt eine Schlafcouch, einen großen Tisch neben der Balkontür und ein paar Stühle. Ein eingebauter Waschtisch war hinter einem Vorhang. Mit ein paar hübschen eigenen Sachen würde man schon etwas daraus machen können. Das Bett war ausgezeichnet, darauf wies die Vermieterin besonders hin.

„Das andere Zimmer ist oben", sagte Frau van Voorne dann, „ich zeige es Ihnen."

Das zweite Zimmer war merklich kleiner als das erste. Es hatte auch keinen Balkon. Auch hier stand eine gute Schlafcouch, aber nur ein kleinerer Tisch und ein Stuhl. Es hatte jedoch ebenfalls einen eingebauten Waschtisch.

„Dies hier kostet monatlich dreißig Gulden", sagte Frau van Voorne.

„Das ist nicht zuviel", ließ Rinie sich vernehmen.

„Ja, aber im Winter kommt noch etwas für die Heizung dazu", sagte Frau van Voorne.

„O ja, natürlich!" erwiderte Rinie und sah sich um. Natürlich hatten die beiden unpraktischen Mädchen an die Heizung im Winter überhaupt noch nicht gedacht. Wer dachte an einem so herrlichen Tag wie heute auch schon an so etwas!

„Hm, aber wie wird dieses Zimmer denn eigentlich geheizt?" fragte Rinie neugierig. Sie sah nirgendwo einen Schornstein.

„Das geht nur mit einem Petroleumofen", erklärte die Vermieterin.

„Nicht schön, was?" meinte Rinie und sah Gerry fragend an.

„Tja, das geht nun mal nicht anders", sagte die Frau. „Unten haben wir Zentralheizung, aber nicht hier oben."

„Was kostet eigentlich das Zimmer unten?" fragte Gerry plötzlich. Das wußten sie ja überhaupt noch nicht.

„Das Zimmer unten kostet fünfundfünfzig Gulden", sagte Frau van Voorne, ohne sie dabei anzusehen.

„Oje, das geht über meine Mittel!" seufzte Gerry.

„Ja, es tut mir leid", sagte Frau van Voorne, „aber das muß das Zimmer wenigstens bringen. Es ist es wert."

„O ja, natürlich!" beeilten sich die Mädchen zu versichern. „Aber für uns ist es leider zuviel. Nun, dann werden wir uns nach etwas anderem umsehen müssen. Es tut uns leid, daß Sie sich die Mühe gemacht haben, uns die Zimmer zu zeigen."

„Oh, das macht nichts", wehrte Frau van Voorne ab. Aber Gerry sah deutlich, daß auch sie enttäuscht war.

Sie standen wieder auf der Straße.

„Schade, was?" sagte Gerry. „Ich wäre gern hier eingezogen. Hier am Katherinenkanal ist es hübsch."

„Nun, wir werden schon noch etwas Passendes finden", sagte Rinie munter und suchte die nächste Adresse aus ihrer Liste heraus.

Nach zweistündigem Herumlaufen durch Utrechts Innenstadt mußten sie sich eingestehen, daß es doch nicht so einfach war. Das eine Zimmer war zu klein, bei dem anderen graute es sie vor der Vermieterin, bevor sie überhaupt richtig im Hause waren. Bei der dritten Wohnung hätten Sie auf keinen Fall jemanden einladen dürfen. Eine vierte Wirtin war dagegen, daß sie sich selbst Tee und Kaffee im Zimmer kochen wollten. Und bei der fünften fanden sie es zu schmutzig.

„Hu, ich bin ganz erschlagen vom Herumlaufen!" seufzte Gerry, als sie die soundsovielte Adresse aus ihrer Liste strichen. „Wie spät ist es eigentlich? Ich hab' Hunger!"

„Ja, ich würde auch gern etwas essen", sagte Rinie. „Du lieber Himmel, halb zwei ist es schon!"

„Dann wollen wir erst einmal essen gehen", schlug Gerry vor. „Ich kenne ein nettes Lokal — da bin ich mal mit meinem Vater gewesen. Es ist nicht teuer, und doch schmeckt es dort gut."

„Sag mal, bist du Millionär?" spottete Rinie. „Ich habe noch genau drei Gulden fürs Mittagessen. Ich dachte an ein paar belegte Brote mit Kaffee. Meine letzten Babysitter-Pfennige hab' ich ausgegeben für ein paar Sachen, die ich fürs kommende Jahr dringend brauchte. Im Sommer sind die Möglichkeiten, etwas nebenher zu verdienen, nicht sehr groß, weißt du."

„Herzchen, ich hab' von Vater für heute einen Zehnguldenschein gekriegt, und der muß weg. Wir legen alles zusammen, und dann geht es uns ausgezeichnet. Mit ein paar belegten Broten komme ich jedenfalls nicht aus. Mit dem Frühstücken heute morgen war es auch nicht so toll", meinte Gerry.

„Jetzt brat mir einer 'nen Storch", staunte Rinie. „Und zuerst wolltest du überhaupt nicht ans Essen denken, weil du keinen Platz mehr hattest."

„Platz schon", lachte Gerry, „aber es saß noch alles in der Kehle."

„Na, dann mal los! Aber bilde dir ja nicht ein, daß wir das jeden Tag machen werden, wenn wir erst hier wohnen."

„Nein, natürlich nicht", lachte Gerry.

Sie gingen also in das kleine Lokal. Zum Glück war es nicht mehr sehr voll. Das kam auch daher, daß es schon ziemlich spät war. Als sie sich an einen Tisch gesetzt hatten, merkten sie erst, wie müde und abgespannt sie waren. Die Speisekarte beruhigte auch Rinie wieder. Es zeigte sich, daß sie für ihre drei Gulden tatsächlich etwas Ordentliches zu essen bekommen konnte. Vergnügt blickte sie in die Runde.

„Nettes Lokal", sagte sie zufrieden.

„Tja, das Leben ist gar nicht so übel", feixte Gerry. „Unangenehm ist nur, daß wir noch nichts Vernünftiges gefunden haben", fügte sie ernster werdend hinzu.

„Ja, es sieht so aus, als müßten wir doch in die Vorstädte hinaus", seufzte Rinie.

„Das gefällt mir nicht sehr", sagte Gerry. „Das ist doch meistens ziemlich weit draußen, und wenn wir erst Mitglied bei der ‚Veritas' geworden sind, werden wir des öfteren abends hin müssen. Und das ist dann bestimmt kein Zuckerlecken."

„Tja, aber wenn nun nichts anderes zu bekommen ist..." antwortete Rinie nachdenklich. Sie war eher geneigt, sich ins Unvermeidliche zu fügen.

So saßen sie also und warteten auf die Bedienung. Rinie spielte zerstreut mit dem Nummernschildchen, auf dem die Tischbedienung angegeben war.

„Oh, was für Trottel sind wir doch!" rief Gerry plötzlich.

„Danke, aber warum rechnest du mich auch dazu?" fragte Rinie aufblickend.

„Ja, natürlich. Du bist genauso eine Nachteule wie ich", sagte Gerry lachend.

„Was also ist los?" fragte Rinie, die überhaupt nichts begriff und daher auch nicht wußte, warum man sie so titulierte.

„Wir gehen natürlich an den Katherinenkanal zu Frau van Voorne", sagte Gerry bedeutungsvoll. „Ich hab' die ganze Zeit über daran gedacht."

„Aber da ist es doch viel zu teuer", meinte Rinie. „Und von einem Petroleumofen halte ich nicht viel."

„Brauchst du auch nicht", erwiderte Gerry rätselvoll.

„Du willst mich also im Winter in der Kälte sitzen lassen?"

„Aber nein, du wirst durch die Zentralheizung herrlich warm sitzen", lachte Gerry.

„Aber ich kann doch keine fünfundfünfzig Gulden ausgeben", sagte Rinie erschrocken.

„Brauchst du auch nicht", wiederholte Gerry sich. „Kind, es ist das Ei des Kolumbus. Wir mieten beide Zimmer. Und wir fragen, ob wir aus dem kleineren ein gemeinsames Schlafzimmer machen dürfen. Wir befördern einfach das Bett nach oben. Es ist zwar nicht viel Platz da oben, aber das ist auch nicht nötig, weil wir ja nur dort schlafen werden. Dann kann sie sich mit ihrem Öfchen meinetwegen aufs Dach setzen. Den großen Raum richten wir uns als Wohn- und Studierzimmer ein."

„Du, das ist eine Mordsidee!" mußte Rinie zugeben. „Aber..."

„Natürlich ist es eine Mordsidee", sagte Gerry begeistert. „Sie kosten dann zusammen fünfundachtzig Gulden, also fünfundvierzig und vierzig. Dann bleibe ich noch unter meiner Höchstgrenze, und du brauchst auch nicht mehr auszugeben, als du wolltest."

„Aber du bezahlst dann mehr als ich!" warf Rinie ein.

„Na — und?" sagte Gerry. „Das können wir uns doch einrichten, wie wir wollen. Das große Zimmer ist doch wirklich geräumig. Das machen wir uns urgemütlich!"

Sie riß Rinie mit ihrer Begeisterung fort.

„Frau van Voorne wird die Sache auch prima finden, du wirst sehen", fuhr sie fort. „Ich fand sie überhaupt sehr nett. Ich ärgerte mich schon, daß nichts daraus wurde."

„Ja, sie war mir auch sehr sympathisch", stimmte Rinie zu. „Ein bißchen traurig und vergrämt sieht sie aus."

„Wenn nur nicht inzwischen jemand anderes die Zimmer genommen hat!" Gerry löffelte hastig ihre Suppe hinunter. „Wir müssen so schnell wie möglich sofort zurückgehen."

Der Mahlzeit wurde nicht die Ehre angetan, die sie eigentlich verdient hätte.

„Eigentlich eine Schande!" meinte Rinie und blickte bedauernd auf den leeren Teller, dessen Inhalt sie gar nicht genügend gewürdigt hatte. Aber Gerry lachte sie aus.

„Ich jedenfalls hab' gar keinen Hunger mehr", entschied sie.

Zum Glück kamen die beiden nicht zu spät.

„Kommen Sie doch noch zurück?" fragte Frau van Voorne, als sie die beiden Mädchen wiedersah.

„Sind die Zimmer noch frei?" fragte Gerry hoffnungsvoll. Sie sah der Vermieterin an, daß sie über die nochmalige Rückfrage der Mädchen sehr froh war. Also konnte sie auch wagen, ihren Plan vorzutragen.

„Nun, wenn Sie beide so gut befreundet sind, dann ist das natürlich eine großartige Lösung", sagte Frau van Voorne. Gerry wäre vor Freude am liebsten in die Luft gesprungen. Die Sache selbst war schnell besprochen. Sie gingen nach oben in die Zimmer, um sich umzusehen. Es war tatsächlich genau so zu bewerkstelligen, wie Gerry es sich überlegt hatte.

„Wären Sie wohl damit einverstanden, wenn wir uns auf einem kleinen Kocher Tee und Kaffee selbst machen würden?" schnitt sie dann auch noch den letzten kritischen Punkt an. Sie wußte sehr wohl, daß viele Vermieterinnen etwas dagegen hatten.

„Auf einem Spirituskocher?" fragte die Frau zögernd. „Ist das nicht ein bißchen gefährlich?"

„O nein, durchaus nicht, wir sind ganz erfahrene Zeltbewohner", lachte Rinie. „Außerdem werden wir ganz besonders vorsichtig sein, bestimmt! Wenn Sie wollen, können wir es auch auf dem Balkon machen."

„Aber nein, das brauchen Sie nicht", sagte Frau van Voorne. „Ich habe noch einen kleinen Tisch, den können Sie gut dafür gebrauchen."

„Fein, vielen Dank, Frau van Voorne!" rief Gerry froh.

Eine Viertelstunde später standen die beiden auf der Straße.

„Da haben wir aber Glück gehabt!" sagte Rinie vergnügt.

„Ja, stell dir vor: mitten in der Stadt, an einer herrlichen Stelle und mit der Nase gleich überall dabei", schwärmte Gerry.

„Eine Mordswohnung!" fügte Rinie hinzu. „Kinder, was werden wir hier Spaß haben!"

Zufrieden schlugen sie den Weg zum Bahnhof ein.

So grün wie Gras

„Halt hier mal ein bißchen dagegen! Paß auf, stoß nicht an den Anstrich!"

„Jetzt zieh noch etwas! Heiliger Strohsack, ist das Ding schwer! Ich kann's kaum noch halten!"

Diese ängstlichen Worte fielen im Hause van Voorne auf halber Treppe.

„Warte, ich muß noch ein bißchen drehen — so geht es noch nicht!" sagte Gerry und stöhnte. „Halt bitte etwas mit dem Knie dagegen. Ich schiebe sofort wieder mit."

„Ja, du hast gut reden!" murmelte Rinie ächzend. „Ich werde von dem verflixten Ding fast plattgedrückt."

„Sei still, ich bin am Türrahmen vorbei, jetzt geht es wieder besser. Wir dürfen doch Frau van Voorne nicht die Wandfarbe verkratzen!"

Die Mädchen waren dabei, ihre Zimmer einzurichten. Zunächst war eine Menge umzuräumen. Sie hatten das Bettzeug der Schlafcouch und die Matratzen aus dem großen Zimmer nach oben gebracht und waren jetzt mit dem Bettgestell beschäftigt. Aber das war eine schreckliche Plackerei, denn die Treppe war schmal. Wenn die Schlafcouch auch nicht allzu schwer war, so war sie doch zu lang, um damit zu manövrieren.

Es war Anfang September. Sie waren schon ganz früh am Morgen von zu Hause weggefahren. Die Zimmermiete hatte am 1. September begonnen, und obgleich die Vorlesungen noch nicht angefangen hatten, war doch in der Stadt eine Menge für sie zu erledigen. Sie hatten vor, sich bei dieser Gelegenheit auch als Mitglieder der „Veritas" einzutragen, denn in diesen Tagen begann dort die „Kon-

taktaufnahme". Viel Gedanken machten sie sich nicht deswegen. Bei den Mädchen verlief die Fuchstaufe im allgemeinen nicht aufregend.

Mit zwei großen Koffern und einem Riesenbündel von Ratschlägen waren sie um acht Uhr losgefahren. Es würde noch eine Menge zu tun sein, und darum wollten sie so schnell wie möglich beginnen.

Frau van Voorne, die wußte, daß sie kommen würden, hatte sie herzlich empfangen. Sie sollten sich ruhig schon an die Arbeit machen, hatte sie gesagt. Sie selbst mußte einkaufen gehen. Ihre Tochter Joke und ein achtjähriger Junge waren in der Schule. So hatten die Mädchen also das Reich für sich allein. Sie fanden das im Augenblick sehr angenehm. Sobald alles an seinem Platz war, würden sie es sich ganz gemütlich einrichten.

„Siehst du, so geht es viel besser", sagte Gerry zufrieden. „Wir brauchen jetzt nur noch etwas zu ziehen, damit wir es heil ins Zimmer kriegen. Viel Platz ist da nicht."

„Nein, zwischen den Betten wird nicht viel Platz bleiben, aber das schadet nichts."

Sie schoben weiter mit der Schlafcouch herum und beförderten sie schließlich in das obere Zimmer.

„Huch, was sind wir tüchtig!" seufzte Gerry. Mit spöttischem Gesichtsausdruck blickte sie auf den Berg Decken und Kissen, der genau dort aufgetürmt war, wo das Bett stehen sollte.

„Erst muß mal der Reisbreiberg weg", lachte Rinie und packte das Bettzeug auf das andere Bett. Nun konnten sie die Schlafcouch ohne Mühe an die Wand schieben.

„Geht ganz gut", meinte Gerry zufrieden. „Es kommt zwar mit dem einen Ende etwas unter den Waschtisch, aber da kann man ja mit den Füßen liegen."

„Ja, und wenn wir uns waschen, legen wir einfach ein Stück Plastik über die Decken", sagte Rinie. „Vorwärts jetzt, die Matratzen drauf!" keuchte sie eifrig, und sie hatten die Matratzen gerade richtig eingelegt, als sie sahen, daß es da noch einen Matratzenschoner aus Jute gab, der ja zweckmäßigerweise darunterliegen mußte.

„Man kann leicht sehen, daß wir nicht jeden Tag umziehen", grinste Gerry. „Wie würde Mutter lachen, wenn sie uns hier wirtschaften sähe!" Endlich aber lag doch alles an seinem richtigen Platz.

„Sag mal, sollten wir nicht gleich auch unsere Betten beziehen, da wir doch gerade hier sind?" schlug Rinie vor.

„Ja, aber dann müssen wir erst nach unten und unsere Koffer holen", meinte Gerry.

„Ach ja, das stimmt", sagte Rinie. „Na, dann los! Die schwerste Arbeit haben wir ja hinter uns." Sie rannten nach unten, wo ihre Koffer noch im Flur neben dem Schirmständer standen. Jede von ihnen schleppte zwei Koffer die Treppe hinauf.

„Wir hätten doch viel besser einen nach dem anderen nehmen können", japste Rinie, als sie auf dem Treppenabsatz angelangt waren.

„Das wäre auch nicht viel besser, dann müßten wir ja zweimal laufen", pustete Gerry. „Du, ich lasse aber den einen Koffer hier stehen. Darin sind ja die Sachen für unser Wohnzimmer."

„Ja, weißt du denn tatsächlich noch, was wir wohin gepackt haben?" fragte Rinie hoffnungsvoll.

„Bei dem hier ja", antwortete Gerry und wies auf einen alten braunen Koffer.

„Nun, dann lassen wir den hier", entschied Rinie und schleppte ihre beiden Koffer weiter die Treppe hinauf.

Gerry fand es sehr angenehm, daß sie nur noch einen zu tragen brauchte.

Rinie schwang den einen Koffer aufs Bett und öffnete ihn.

„Nanu", fragte sie, „willst du damit dein Bett beziehen?"

„Wieso?" fragte Gerry erstaunt.

„Tischtücher, Servietten, Gabeln, Messer, Löffel, eine Bratpfanne", zählte Rinie auf.

„Ach, nun habe ich doch den falschen Koffer erwischt!" stöhnte Gerry.

„Na, dann tausche die Koffer um!"

„Erst mal verschnaufen!" Gerry ließ sich auf das Bett fallen. „Hier ist es jetzt ja ziemlich voll", meinte sie. „Wir könnten das Tischchen gleich mit nach unten nehmen. Da ist Platz genug."

Sie sprang auf und schloß den Koffer mit den Haushaltsartikeln wieder. „Ausgerechnet auch noch der schwerste!" klagte sie, als sie ihn vom Bett nahm. Die Treppe hinunter ging es doch besser als hinauf. Sie setzte ihn ins Wohnzimmer, wo es jetzt, da die Schlafcouch hinaus war, ein bißchen hohl hallte. Als sie mit dem alten braunen Koffer nach oben kam, fand sie Rinie eifrig damit beschäftigt, ihre Kleider auszupacken.

„Der Schrank ist nicht tief genug", bemerkte Rinie. „Ich muß meine Kleider schräg hängen. Und wo ich mit meiner Wäsche bleiben soll, ahne ich nicht."

„Es ist ja auch nur ein Dreißiggulden-Zimmer, mußt du denken", sagte Gerry. „Eigentlich ist es eine Dachkammer. Sei froh, daß überhaupt ein Schrank darin steht. Weißt du was? Wir hängen hier nur unsere alten Sachen hinein. Unten sind ja zwei, ein Kleiderschrank und ein Schrank mit Fächern, wie ich gesehen habe. Da können wir bequem alles lassen."

„Dann müssen wir nur immer hin und her laufen, wenn wir uns umziehen wollen", meinte Rinie sehr richtig.

„Ach, das wird schon gehen!" sagte Gerry sorglos. „Aber natürlich müssen unsere Kleiderkoffer dann mit nach unten", fügte sie lakonisch hinzu.

„Puh, wir brauchten einen Aufzug", fand Rinie. Sie nahm aus dem Koffer, den Gerry gerade nach oben gebracht hatte, ein paar Laken und Bezüge und begann geschickt, ihr Bett zu machen.

„Man sieht, daß du darin geübt bist", bemerkte Gerry anerkennend.

„Natürlich, das mußte ich zu Hause doch stets — du nicht?" Rinie sah verwundert auf.

„Ja, natürlich", murmelte Gerry und machte sich schnell an das ihre. Ja, natürlich hatte sie ihr eigenes Bett machen müssen, aber oft hatte sie es auch nur einfach zusammengelegt.

Es war morgens eben immer höchste Zeit. Manchmal hatte sie überhaupt nichts mehr in Ordnung gebracht, so sehr mußte sie sich beeilen, wegzukommen. Ihre Mutter schalt dann. Manchmal allerdings merkte sie es nicht. Sie hatten ein Hausmädchen, das solche Sachen ohne viel Aufhebens erledigte. Dientje war flink und machte sich vor etwas Arbeit mehr nicht bange. Sie, Gerry, hatte es eigentlich immer recht bequem gehabt, ganz anders als Rinie. Rinies Eltern waren nicht auf Rosen gebettet. Ihr Vater war Beamter beim Gericht. Außer Rinie waren drei Jungen zu versorgen. Die begabte Rinie studieren zu lassen, bedeutete für die Eltern eine ziemliche Aufgabe. Aber Rinie war auch wirklich fleißig, sie schlug sich tapfer durch. In den Ferien hatte sie regelmäßig gearbeitet, so daß sie viele Dinge selbst bezahlen konnte. Sie ging des Abends als Babysitter zu Bekannten, erledigte dort ihre Schularbeiten und verdiente gleichzeitig etwas. Dadurch hatte sie etwas Taschengeld und brauchte sich nicht wegen jeder Kleinigkeit an ihren Vater zu wenden.

Gerrys Vater hingegen hatte ein gutes Geschäft in der Stadt, eine Möbelhandlung. Theo, Kariens Mann, war sein Mitarbeiter. Sie brauchten sich eigentlich nichts zu versagen. Es war ganz selbstverständlich gewesen, daß Gerry weiterstudieren konnte in dem Fach, das ihr gefiel. Eigentlich hatte sie es viel zu bequem!

Diese Gedanken kamen ihr, während sie darüber nachsann, daß bei Rinie durchaus nicht alles so selbstverständlich war. Rinie bekam nicht jedesmal ein hübsches neues Kleid, wenn sie zu einer Festlichkeit ging — so wie sie. Und die wunderbaren Kunstlaufschlittschuhe mit Stiefeln, die sie im vergangenen Jahr so nebenher bekommen hatte, einfach nur, weil sie sie gern haben wollte ... Rinie hätte sie sicher auch gern gehabt. Sie lief nämlich eigentlich viel besser. Doch Rinie hatte gar nicht darüber gesprochen. Sie war ohne viel Aufhebens weiter mit ihren alten gelaufen.

„Die Laken sind zu kurz", beklagte sich Gerry, während sie verzweifelt an dem zu kleinen Umschlag zerrte.

„Nein", sagte Rinie, „du hast bloß viel zuviel daruntergestopft. Warte!" Sie zog die Decke wieder ab und half Gerry bei ihrem Bettenbau. Tatsächlich blieb jetzt noch genug übrig für einen ausreichenden Umschlag.

„Wenn ich dich nicht hätte ...!" lachte Gerry.

„Quatsch!" brummte Rinie. „Du bist viel hausmütterlicher als ich. Ich verstehe doch von vielen Arbeiten nichts.

Aber wenn du immer selbst für dein eigenes Bett sorgen mußt, lernst du am schnellsten, wie man am besten schläft."

Gerry erwiderte nichts mehr, sie schämte sich ein bißchen.

Die Mädchen trugen das kleine Tischchen, das sie im Schlafzimmer nicht brauchen konnten, nach unten. Dort konnte es ihnen für allerlei nützlich sein. Sie suchten gerade das richtige Plätzchen dafür, als an die Tür geklopft wurde. Es war Frau van Voorne.

„Ich möchte Sie fragen, ob Sie eine Tasse Kaffee bei mir mittrinken würden. Sie werden selbst noch nicht soweit damit sein."

„Oh, herrlich!" rief Gerry. Eine Tasse Kaffee würde ihr guttun. Es mochte schon halb zwölf sein.

Es war eine angenehme Unterbrechung ihrer Geschäftigkeit. Frau van Voorne erwies sich als eine herzliche, nette Frau, der es anscheinend nicht nur um die Vermietung der Zimmer ging. Sie zeigte Anteilnahme und befragte ihre neuen Hausgenossinnen über das Studium, das sie gewählt hatten, und über ihre Pläne. Bevor sie es merkten, waren zwanzig Minuten vergangen. Es war Rinie, die plötzlich erschrocken ausrief: „Lieber Himmel, gleich halb zwölf! Wenn wir heute noch mit allem klarkommen wollen, müssen wir sofort wieder anfangen und uns mächtig beeilen."

„Haben Sie denn noch so viel zu tun?" fragte Frau van Voorne.

„Das Schlafzimmer haben wir soweit in Ordnung", antwortete Gerry, „aber beim Wohnzimmer müssen wir erst mal anfangen. Und heute nachmittag haben wir noch eine Menge Besorgungen zu erledigen."

„Dann mal wieder schnell an die Arbeit!" meinte Frau van Voorne. „Ach ja, das Tischchen, das ich Ihnen versprochen hatte, habe ich hier stehen. Sie könnten es gleich mitnehmen."

So gingen sie also wieder hinauf, zwischen sich das kleine Tischchen mit stabiler, roter Platte. Es war genau das, was sie noch brauchten.

„Wo stellen wir es denn hin?" fragte Rinie.

„In die Ecke beim Waschbecken", entschied Gerry. „Da soll ja unser Kocher seinen Platz haben, und da wir dann Kaffee- und Teewasser brauchen, steht es dort am günstigsten."

Das Tischchen paßte zwischen Waschbecken und Außenmauer; es schien genau für diese Ecke gemacht zu sein. Die Balkontür begann erst etwas mehr zur Mitte hin, so daß es auch dort nicht störte.

„Das ist ja toll!" sagte Gerry begeistert. „Ich stelle sofort den Kocher darauf. Darunter können wir einiges von unseren Küchensachen unterbringen", meinte sie mit einem Blick auf das geräumige Brett auf halber Höhe des Tischchens. „Die Tee- und die Kaffeekanne und die Teebüchse und so weiter."

„Ja, und dann machen wir einen Vorhang davor, damit man die Sachen nicht so da stehen sieht", meinte Rinie.

„Wir müssen uns aufschreiben, daß wir heute mittag ein Stückchen Stoff dafür kaufen, sonst vergessen wir es", sagte Gerry. „Warte, ich mache gleich eine Einkaufsliste."

„Prima", sagte Rinie, „ich räume den Schrank ein. Dann kommen wenigstens die ungemütlichen Koffer aus dem Zimmer."

Geschickt und schnell begann sie auszupacken. Währenddessen schrieb Gerry alles, was ihr einfiel, auf einen

Zettel. Zwischendurch kaute sie auf ihrem Bleistift herum und dachte mit angestrengt zusammengezogenen Augenbrauen nach.

„Sag mal, was hältst du von Erdnußbutter?" fragte sie plötzlich.

„Erdnußbutter? Darauf bin ich ganz wild", sagte Rinie erstaunt.

„Dann werde ich es gleich mit aufschreiben. So, jetzt höre zu, ob ich noch etwas vergessen habe: Gardinenstoff, Band zum Aufhängen, Kaffee, Tee, Zucker, Butter..."

„Nehmen wir Butter oder Margarine?" fragte Rinie zögernd.

Gerry hatte eigentlich nur an Butter gedacht, begriff jetzt aber, daß sie sich auf Rinie einstellen mußte. Wenn Butter für Rinie unerschwinglich war, konnte sie nicht sagen, daß sie lieber Butter hätte. Damit würde sie es für Rinie nur schwieriger machen.

„Margarine", antwortete Gerry also, „sonst wird es zu teuer."

„Ja, das finde ich auch", sagte Rinie.

Gerry fühlte sich belohnt und war froh, daß sie es so beiläufig gesagt hatte. „Laß sehen, was wir noch nötig haben", fuhr sie fort. „Margarine also, Käse, Schokoladenstreusel, Marmelade, Kuchen, Fleisch, Erdnußbutter. Sonst noch was?"

„Haben wir Spiritus für den Kocher?" fragte Rinie.

„Nein, natürlich nicht. So was Dummes!" Schnell schrieb Gerry es dazu.

„Brot werden wir auch haben müssen, da haben wir noch gar nicht dran gedacht!" lachte Rinie.

„Ja, das Wichtigste vergesse ich stets. Streichhölzer auch."

„Müßten wir nicht auch Milch haben?" fragte Rinie weiter.

„Ich trinke überhaupt keine Milch", sagte Gerry. „Du?"

„Aber wir brauchen doch welche in den Kaffee. Oder trinkst du deinen schwarz?"

„Nein — brrr!" Gerry schüttelte sich. „Also Milch."

„Was brauchen wir viel!" wunderte Rinie sich.

„Ja, Herzchen, ein Haushalt ist eben teuer", antwortete Gerry. „Das höre ich meine Mutter auch oft sagen."

„Aber so ein eigener Haushalt ist doch nett", schwärmte Rinie. Es gefiel ihr gut, selbst zu bestimmen, wann man essen wollte und wann man ging.

„Ich lasse den Zettel hier liegen", sagte Gerry, „für den Fall, daß uns noch etwas einfällt. „Sag mal, sollten wir jetzt nicht die Bilder aufhängen?" Sie hatte sich Bilder für ihr eigenes Eckchen mitgebracht.

„Ach nein, laß uns lieber erst mal aufräumen", fand Rinie. „Die Bilder können wir dann lieber gleich über unsere Sitzecke hängen."

„Okay", sagte Gerry und begann sogleich mit dem Auspacken ihrer Kleidungsstücke. Als sie damit fertig war, sah sie auf dem Tisch noch einiges liegen: ein paar Bücher, die Bilder, ihr Eß- und Trinkgeschirr.

„Was machen wir damit?" fragte Rinie.

„Das werden wir gleich haben", antwortete Gerry. „Aber erst möchte ich etwas essen."

„Können wir eigentlich noch nicht in die Mensa?" fragte Rinie nachdenklich.

„Nein, ich glaube nicht", erwiderte Gerry. „Aber wir müssen uns so schnell wie möglich darum kümmern. Übrigens, ich habe gehört, daß man als Mitglied der ‚Veritas' dort billig essen kann."

„Ja, aber noch sind wir nicht Mitglied", gab Rinie zu bedenken. „Laß uns doch in das Lokal gehen, in dem wir letzthin waren. Da war es gemütlich und schmeckte herrlich."

„Ich nehme mein Einkaufsnetz mit", sagte Gerry. „Dann gehen wir essen und können gleich anschließend unsere Besorgungen erledigen."

Es wurde eine vergnügte Mahlzeit. Nun, da sie wußten, daß es sehr gemütlich bei ihnen sein würde, waren sie in froher Stimmung.

„Heute hauen wir noch mal auf die Pauke", sagte Gerry, während sie die Speisekarte studierte. „Morgen beginnt dann das große Leben", fügte sie spöttisch hinzu. „Heute nehmen wir Abschied vom unbeschwerten Jungmädchendasein. Ich gebe eine große Pfirsich-Melba aus. Du magst doch auch eine?"

„Übernimm dich nicht!" lachte Rinie. „Ich hab' immer gedacht, daß das Studentenleben das unbeschwerteste wäre."

„Sei still!" mahnte Gerry geheimnisvoll. „Das darfst du nicht so laut sagen. Ich muß doch einen Grund haben, einen auszugeben."

„Das kannst du ruhig auch ohne Begründung tun!" lachte Rinie. „Herrlich, so ein großer Eisbecher!"

„Spaß beiseite!" sagte Gerry. „Wir haben uns doch vorgenommen, ernsthaft zu studieren und nicht nur so ein bißchen zum Vergnügen hier herumzuhängen — etwa, um einen netten Studenten einzufangen."

„Das nennt man ‚Studieren der Studentenvereinigung'", lachte Rinie. „Nein, damit kann man bei mir nicht landen. Vater und Mutter würden mir etwas erzählen. Ich bin froh, daß ich überhaupt studieren darf. Ich habe mir früher nicht vorgestellt, daß ich einmal Mitglied der ‚Veritas' werden würde."

„Ja, aber das gehört doch dazu", meinte Gerry. „Studieren, ohne beim Studentenleben mitzumachen, ist nur das halbe Studium. Außerdem lernt man dabei eine ganze Menge."

„Ich glaube, darum mache ich es auch", sagte Rinie. „Das muß man sich auch überlegen", dachte sie laut.

„Ja", fand Gerry. Wieder einmal mußte sie denken, daß Rinie und sie sehr verschieden waren. Ihr Vater hatte es für selbstverständlich gehalten, daß sie bei allem mitmachte. Wahrscheinlich würde er auch gar nichts dabei finden, wenn sie nicht so übereifrig studierte. Immerhin hatte sie es ja eigentlich gar nicht nötig. Aber Gerry wollte sich doch anstrengen und es zu etwas bringen. Sie hatte sich doch so nach diesem Zeitpunkt gesehnt. Und die Worte des alten Professors bei der Schulentlassung hatten sie in ihrer Meinung bestärkt.

„Sag mal, was willst du eigentlich haben?" holte Rinie sie plötzlich aus ihren Grübeleien. Sie fuhr auf. An ihrem Tisch stand ein Mädchen, das mit fragenden Augen geduldig auf ihre Bestellung wartete.

„Äh — ich — bringen Sie mir bitte die Wildschüssel", entschied sie sich schnell etwas verlegen.

„Zweimal?" fragte das Mädchen, dabei Rinie abwartend ansehend.

„Ja, bitte", antwortete Rinie, und als das Mädchen fort war: „Das können wir aber im Rekordtempo, was — das Essen aussuchen?"

„Aber es ist doch nett hier", sagte Gerry ablenkend; sie genierte sich etwas wegen ihres eigenartigen Benehmens.

Das Essen mundete herrlich.

„Wenn es bei der ‚Veritas' auch so gut schmeckt, sollten wir dorthin gehen", meinte Rinie, sich den Mund abtupfend. „So, jetzt kommt noch dein Eis", erinnerte sie sich.

„Richtig", sagte Gerry. „Unser Abschied von der Schuljugend."

„Das klingt wie eine Unterschrift unter einem Zeitungsbild: ‚Die Königin nimmt Abschied von ihrer Schuljugend'", lachte Rinie.

„Nein, das ist etwas ganz anderes", widersprach Gerry. „Zwei völlig verschiedene Bedeutungen des Wortes Jugend."

„Sag mal, studierst du neuerdings Sprachwissenschaften?" fragte Rinie erstaunt. „Ich wußte noch gar nicht, daß du umgesattelt hast."

„Ekel!" sagte Gerry. „Jetzt rede ich überhaupt nicht mehr weiter."

„Im Zimmer nachher aber doch wohl wieder?" fragte Rinie ängstlich.

„Na ja, warum sorge ich mich überhaupt? Du hältst es ja doch keine Viertelstunde aus."

„Wetten?" fragte Gerry.

„Haha, da bist du ja schon wieder!" lachte Rinie.

„Jetzt ist mein Zorn abgekühlt worden durch das himmlische Eis, das da kommt", spottete Gerry, als das Mädchen zwei riesige Becher vor sie hinsetzte.

Das Eis stopfte ihnen vorerst den Mund.

Als sie eine Stunde später mit einem überquellenden Einkaufsnetz heimgingen, begegneten sie André Lesberg.

„Hallo!" rief der erstaunt.

„Bist du auch hier?" fragte Rinie erstaunt. „Ich wußte gar nicht, daß du auch nach Utrecht gehen wolltest."

„Das wußte ich vergangenen Monat selbst noch nicht bestimmt. Mein Vater schwankte noch zwischen Utrecht und Amsterdam. Nun ist Utrecht daraus geworden", erklärte André.

„Und Nimwegen?" fragte Rinie.

„Geht doch noch nicht", antwortete André.

„Wie gut!" sagte Gerry. „Willst du Mathematik und Naturwissenschaften studieren?"

„Wahrscheinlich", meinte Rinie, die diese Frage an das Mathematikwunder der Klasse etwas überflüssig fand.

„Seid ihr auch Mitglieder der ‚Veritas'?" fragte André.

„Ja", sagten beide gleichzeitig.

„Prima, dann werden wir uns wohl öfters treffen", meinte er.

Gerry dachte das gleiche. Sie fand André, der immer ein bißchen schüchtern wirkte, am nettesten von den Jungen aus ihrer Klasse. Er fiel nie sehr auf und führte nicht, wie die anderen, das große Wort. Er wirkte vielmehr durch seine Leistungen. Er wußte häufig eine Antwort auf Dinge, die sie gerade beschäftigten, fand Gerry.

„Na, dann bis später einmal", verabschiedete er sich. „Morgen fängt bei uns die ‚Fuchstaufe' an, und ich muß noch einiges besorgen."

„Wir fangen morgen auch an", lachte Gerry. „Alles Gute!"

„Euch auch!" klang es zurück, und dann war er um die nächste Ecke verschwunden.

Als sie dann in ihr Zimmer kamen, machten sie sich sofort an die Arbeit. Die Zeit drängte nun doch etwas. Im Schrank machten sie ein Brett frei für die mitgebrachten Lebensmittel und für Teller und sonstiges Geschirr.

„Du, aus dem Tischchen von oben machen wir unser

eetischchen", schlug Gerry vor. Sie stellte sechs geblümte Tassen darauf (sechs, für den Fall, daß einmal Besuch käme), den Zuckertopf, ein Teelicht und eine fröhlich aussehende Teehaube. „Ich habe zu Hause noch eine nette Decke dafür und eine Blumenvase. So sieht es fabelhaft gemütlich aus und ist gleichzeitig immer zur Hand."

Den großen Tisch beförderten sie vor das Fenster, mit einem Stuhl an jeder Seite. Das sollte ihr gemeinsamer Arbeitsplatz sein. Im Augenblick lag noch nichts anderes darauf als ein kleiner Stapel Bücher, die sie mitgebracht hatten, und ein paar neugekaufte Schreibhefte. Aber es würde noch ein eindrucksvoller Schreibtisch daraus werden!

In die andere Hälfte des Zimmers kam das kleine, runde Tischchen, das sich auch noch darin befand, mit drei gemütlichen Sesselchen drumherum. Unter Rinies Mithilfe befestigte Gerry ihre Drucke an der Wand: eine leuchtende Reproduktion von van Gogh, ein kleines Mädchen, das in einer Schale rührte, von Picasso, eine große Vase mit einem riesigen Feldblumenstrauß von einem unbekannten Meister — jedenfalls kannte Gerry den Meister nicht, und eine altholländische Straße. „Ich bringe auch noch etwas mit, sobald wir wieder zu Hause gewesen sind", meinte Rinie, die es noch ein wenig kahl fand, „und auch Ableger fürs Fensterbrett."

„Ja, hier werden Blumen gedeihen", meinte Gerry. „Es ist so hell, weil es nach Süden liegt. Wir brauchen hier auch noch etwas Lebendiges."

„Findest du mich nicht lebendig genug?"

Gerry stimmte in das Lachen ein und warf die Schachtel mit Reißzwecken, die sie gerade in der Hand hielt, Rinie an den Kopf. Rinie war, fand sie, immer so nüchtern.

Rinie fing die Schachtel geschickt auf und verwahrte sie in der Lade des „Küchentisches".

„Wir müssen noch das Gardinchen nähen", sagte sie.

„Das mache ich heute abend, wenn wir hier gemütlich sitzen", versprach Gerry.

Nach dem Abendessen, dem sie mit viel Appetit zusprachen — nur mit Tee, da Gerry sich noch nicht an die neue Filterkaffeekanne wagte —, und nach dem Abwasch, zu dem sie nur klares Wasser hatten, weil sie total vergessen hatten, ein Abwaschmittel mitzubringen, saßen sie gemütlich zusammen an dem runden Tischchen. Rinie hatte sich eins der Bücher geholt und blätterte darin. Gerry hatte die kleine Gardine zugeschnitten und war nun dabei, sie zu säumen. Das ging nicht besonders schnell, denn sie mußte es natürlich mit der Hand machen. Sie blieb auch nicht ununterbrochen an der Arbeit. Immer wieder ließ sie die Hände im Schoß ruhen. Jetzt, da sie so gemütlich saßen, merkte sie doch, daß sie von der ungewohnten Geschäftigkeit dieses Tages müde geworden war. Sie sah sich im Zimmer um. Sie hatten es sehr nett bekommen, fand sie, und würden sich hier zusammen bestimmt wohl fühlen. Rinie und sie konnten wirklich zufrieden sein. Und morgen begann dann das eigentliche Studentenleben.

Es war auch nett, daß André hier sein würde. Seltsam: als sie noch nicht wußte, daß er hier war, hatte sie überhaupt nicht daran gedacht. Aber nun kam ihr alles viel vertrauter vor mit der Aussicht, daß sie ihn ab und zu treffen würden.

Aufgenommen!

Gerry stand vor dem Spiegel und kämmte sich. So — jetzt war sie fertig. Sie hing Rinies Kleid, das die junge Dame wie üblich aufs Bett geworfen hatte, in den Schrank und dachte: Es wird Zeit, daß diese Aufnahmezeremonien ein Ende finden.

In den vergangenen drei Wochen war fast jeder Abend mit Vorträgen, Vorlesungen und anderem gefüllt gewesen. Auch tagsüber hatten sie genug zu tun gehabt. Gerry hatte drei Wochen lang bei einer Familie im Haushalt helfen müssen.

Wenn sie dann todmüde etwa um sieben Uhr nach Hause kam, mußte sie sich schleunigst umziehen und zur Neuen Gracht gehen. Da wurden die Neuen dann im Mädchenwohnraum vorgenommen. Die älteren Jahrgänge waren gar nicht zimperlich! Vor allem dann nicht, wenn sie meinten, daß eine von den Neulingen die Nase zu hoch trüge.

Aber Gerry hatte auch viele neue Bekanntschaften gemacht, Jahrgangsgenossen und andere. In Gesprächen mit anderen Mädchen hatte sie viel gelernt. Trotzdem freute sie sich, daß die Einführungswochen nun vorbei waren. An diesem letzten Abend sollte auf die Theateraufführung der Neulinge die Verbrüderung folgen. Dann würden sie als vollwertige Mitglieder der „Veritas" angesehen werden.

Gerry hing das Handtuch weg und spülte etwas Puder, der in den Waschtisch gerieselt war, fort.

Jetzt noch schnell die Attribute für die Theateraufführung: eine Sonnenbrille, ein Kopftuch, ja, und eine Banane — die vor allem durfte sie nicht vergessen. Es sollte ein fröhlicher Abend werden. Wenn es nur klappte und sie das ganze Stück zu Ende spielen konnten! Wo sie diesen Unsinn aufgelesen hatten, mochte der Himmel wissen. André hatte eine wichtige Rolle darin, und er machte es ausgezeichnet. Sie hatte gar nicht gewußt, daß er so komisch sein konnte. In Gedanken an einige verrückte Szenen lachte Gerry vor sich hin.

Hatte sie nun alles? Die Banane mußte unten auf dem Küchentisch liegen, dort hatte sie sie hingelegt.

„Sag mal, kommst du heute noch?" rief Rinie von der Treppe her. „Wir müssen jetzt aufbrechen, wenn wir pünktlich sein wollen."

„Ja, ja, ich bin schon fertig!" rief Gerry, während sie rasch ihren Regenmantel überzog. Mit den Handschuhen in der Hand und der am Arm baumelnden Tasche kam sie gleich darauf ins Wohnzimmer gesaust. Da saß Rinie ungeduldig auf der Tischkante und schlenkerte mit einem Bein.

„Hast du alles?" fragte Gerry, während sie hastig die Banane in ihre Tasche stopfte.

„Ich ja — und du?" fragte Rinie. „Hast du dein Lätzchen?"

„Du meine Güte, nein!" erschrak Gerry. „Wo ist das elende Ding?"

Fieberhaft suchte sie überall: im Schrank, hinter der Gardine auf der Fensterbank, auf dem Küchentisch. Aber das Lätzchen war nirgends zu finden.

„Hast du es nicht gestern gleich in die Tasche gesteckt?" fragte Rinie.

Gerry tastete in die Taschen ihres Regenmantels. Und tatsächlich, da kam es zum Vorschein: ein rotes Lätzchen, auf das sie in Gelb eine Pillendose gestickt hatte; die Pillendose als Symbol für die Studienrichtung, die sie gewählt hatte, gelb, weil es die Farbe ihrer Fakultät war. Rinie hatte auf dem ihren ein Stethoskop. Es war eine Menge Arbeit gewesen. Einen ganzen Abend lang hatten sie sich abmühen müssen. Sie hatten schön dumm geguckt, als sie gleich am ersten Abend den Auftrag bekommen hatten, die Lätzchen zu nähen. Drei Wochen lang hatten sie es bei jeder Zusammenkunft tragen müssen, und heute sollte es das letzte Mal sein.

Es war ein erheiternder Anblick, all die großen Mädchen mit den Lätzchen. Wenn sie es einmal vergaßen, wurden sie unnachsichtig nach Hause gejagt, damit sie es holten. Man stelle sich vor, wenn sie heute abend zurückgemußt hätte.

„So", sagte sie und stopfte es sorgfältig in die Tasche zurück. „Laß uns jetzt aber laufen, sonst kriegen wir noch einen Rüffel von der Präsidentin."

Schnell rannten sie durch den kühlen Herbstabend. Am Verbindungshaus, in dem das Theaterstück aufgeführt werden sollte, wurden sie begeistert von einer Gruppe anderer Füchse empfangen.

„Habt ihr auch an die Sonnenbrille gedacht?" rief ein dunkles indisches Mädchen Gerry zu.

„Ja, ja, und die Banane habe ich auch", beruhigte Gerry sie. Sie selbst brauchte bei der Aufführung nichts Besonderes zu haben. Aber für die junge Inderin war die Sonnenbrille schlechthin unentbehrlich.

„Oh, weißt du, wenn sie sich nur anständig benehmen, während ich da allein am Ufer entlanglaufe und auf das Boot warte", sagte die Inderin, die Erika hieß.

„Du brauchst keine Angst vor Tomaten oder ähnlichen

Dingen zu haben", sagte Rinie. „Die schmeißen sie nur, wenn keine Mädchen auf der Bühne sind."

„Kinder, ich hab' eine von den Älteren mit einem ganzen Korb voll Tomaten laufen sehen!" rief ein anderes Mädchen, das sich gerade ihr Lätzchen vorband. „Hoffentlich treiben sie es nicht zu toll!"

„Hui, dann können wir uns auf etwas gefaßt machen!" meinte Gerard, ein Junge aus Arnheim.

„Na, wir haben ja nur alte Sachen an. Die gebe ich nach der Fuchszeit sowieso dem Lumpenmann mit", sagte ein Mädchen.

„Nanu, hebt ihr das nicht auf?" fragte Gerry verwundert. Sie war fest entschlossen, ihr Lätzchen als ein kostbares Kleinod zu bewahren.

„Als Andenken sicher", grinste der Junge. „Nein, so sentimental bin ich nicht. Wo sollte ich es auch lassen? Wenn du meinen Schrank sähest, wüßtest du es auch nicht. Der ist nicht viel größer als eine Zigarrenkiste. Ich muß mich sehr einschränken, wenn ich studieren will."

„Weißt du, Erika, ich fürchte nur, daß sie dich dort nicht lange allein stehen lassen werden", sagte Gerry neckend zu der Inderin, die sich gerade ein Kopftuch um ihr krauses, schwarzes Haar band.

„Wenn sie es wagen sollten, dir nachzustellen, jage ich sie in den Saal zurück", drohte einer der neuen Studenten. Es war ein Riesenkerl, der von den theaterspielenden Füchsen zum Rausschmeißer ernannt worden war. Eine solche Wache war nötig, denn traditionsgemäß würden die Alten versuchen, die Theateraufführung mit allen nur möglichen Mitteln durcheinanderzubringen. Da wurde Krach gemacht und mit Tomaten geworfen. Besonders Mutige wagten sich zwischen die Darsteller. Aber Jan

Kamp, der Rausschmeißer, würde da wohl nicht ganz unbeteiligt zusehen.

„Fein, was, so ein Beschützer!" lachte Rinie und zwinkerte Erika zu. „Ein Ritter ohne Furcht und Tadel."

„Wer ist hier ein Ritter ohne Furcht?" fragte André, der sich jetzt zu der Gruppe gesellte.

„Oh, gut, daß du da bist!" sagte Erika erleichtert. „Ich hatte schon Angst, daß du mich allein stehen lassen würdest." André hatte in dem Stück die Rolle des getreuen Liebhabers zu spielen.

„Ist nicht meine Schuld, daß ich so spät komme", grinste André. „Ich mußte erst einem Herrn von der Aufnahmekommission einen schweren Koffer hierher tragen. Er sah mich zufällig auf dem Janskerkhof, und dann war ich der Dumme. Wie ein Sklave habe ich ihm die Klamotten geschleppt und sie ihm dann oben höflich wieder in die Hand gedrückt."

„Was war denn in dem Koffer?" fragte Gerry argwöhnisch.

„Keine Ahnung." André zuckte mit den Schultern. „Ich konnte doch nicht fragen."

„Sag mal, du hast dich doch hoffentlich nicht als Lasttier für Wurfgeschosse mißbrauchen lassen!" mischte Jan Kamp sich in das Gespräch.

„Ich konnte mich doch nicht weigern", feixte André. „Und wenn schon — laß sie doch. Das gehört nun mal dazu."

„Verräter!" grollte Jan böse.

„... wider Willen", lachte André.

„Feine Sache", murrte Gerard.

„Nun mal Ruhe!" besänftigte Rinie sie. „Vielleicht war etwas ganz anderes darin."

„Ihr habt gut reden!" murrte Gerard. „Ihr seid außer Schußweite."

„Vielleicht enthielt der Koffer auch unsere Diplome für Sonntag", gab Gerry zu bedenken.

„Kann sein", meinte André. „Er war sehr schwer."

„Seht ihr wohl! Wir müssen ihm auch noch dankbar sein", lachte Gerry.

„Wir werden sehen!" sagte Jan unheilverkündend. „Ich zähle die Tomaten heute."

„Die müssen ja auch was zu tun haben", neckte André. „Du bist doch eine prima Zielscheibe."

„Jedenfalls eine bessere als du schmales Handtuch", war die Antwort.

„Du bist wirklich ein dankbares Objekt. Sie werden für ihr Geld etwas zu sehen kriegen", meinte Gerard.

„Euch werde ich jedenfalls nicht verteidigen", brummte Jan.

„Jetzt aber Ruhe! Du bist heute abend unbezahlbar", tröstete Rinie ihn.

Sie hatten für weitere Kabbeleien keine Zeit mehr, denn die älteren Jahrgänge begannen den Saal zu füllen. Die Neulinge verzogen sich hinter die Bühne und machten sich zurecht. Die nächsten Stunden würden schwer genug für sie werden.

Und wie schwer sie es bekamen! Auf einen Schlag waren die Stimmen der Spieler überhaupt nicht mehr zu verstehen, doch ebbte das Geschrei und Gepfeife dann plötzlich wieder ab, damit jeder die komischen Situationen mitbekam, die die Füchse dort mit viel Schwung auf der Bühne aufführten. Gegen Ende der Aufführung war der Boden der Bühne bedeckt mit geplatzten roten Früchten, und sie mußten aufpassen, daß sie nicht ausrutschten. An-

drés Jacke war naß und klebrig, aber er spielte unbeirrbar weiter. Ab und zu entlockte er dem Publikum ein dröhnendes Gelächter. Aber am eifrigsten war Jan Kamp tätig. Mit Hilfe einiger Freunde gelang es ihm tatsächlich, die Bühne von den älteren Jahrgängen frei zu halten.

Zum Schluß hin wurde es am schwierigsten. Sollten sie durchhalten und das Stück bis zu Ende spielen? Gerry stand an der Vorhangschnur, um den Vorhang sofort hinunterzulassen, sobald das letzte Wort gesagt war. Sie trat vor Aufregung von einem Fuß auf den anderen — aber es gelang!

Während der Tumult losbrach, senkte sich der Vorhang. Es war lange kein Wort zu verstehen. Auf der Bühne tanzten die Spieler wie verrückt herum und brüllten durcheinander: „Wir haben gewonnen! Wir haben gewonnen!" Eine Fuchs-Aufführung bis zum Ende durchzuhalten, war ein ungewöhnlicher Erfolg. Daran hatte, das war sicher, Jan Kamp einen nicht geringen Anteil.

„Hipp, hipp, hurra!" brüllte Jan mit Stentorstimme. Aber weiter kam er nicht, denn er hatte nicht aufgepaßt, wohin er seinen Fuß setzte: auf eine geplatzte Tomate. Mit verdutztem Blick saß er auf dem Fußboden. Sofort umringten ihn die anderen und sangen ausgelassen:

„Ohne unseren Jan können wir nicht leben! Ohne unseren Jan können wir nicht leben!"

Jan erhob sich langsam, wischte sich die Hose ab und murrte ärgerlich: „Jetzt haben sie mich doch noch erwischt!"

Lange sollte die Freude auf der Bühne nicht dauern. Plötzlich wurde der Vorhang hochgezogen. Vier, fünf Ältere sprangen zwischen die Darsteller.

„Sehe ich richtig?" rief der eine. „Da stehen sie hier wahrhaftig noch zusammen. Sagt mal, bildet ihr euch etwa ein, ihr hättet es geschafft?"

„Nein, Mijnheer", sagten sie gefügig wie die Lämmer, wenn auch mit wütendem Gesicht. Das Spiel war jetzt doch aus. Man sollte sie endlich als gleichberechtigte „Veritas"-Mitglieder aufnehmen.

„Vorwärts, an die Arbeit!" kommandierte ein anderer. „Räumt hier zunächst mal ordentlich auf. He, du da, Langer, hol dir einen Besen und fege den Dreck von der Bühne."

„Mir reicht's", murrte Jan Kamp. „Jetzt sollen wir ihre Schweinerei auch noch wegräumen." Aber mit vereinten Kräften war die Bühne schnell gesäubert.

Die Mädchen halfen den Jungen dann noch, die schlimmsten Tomatenflecken von ihrer Kleidung zu entfernen. Dann sprangen sie nacheinander in den Saal hinunter, wo einige andere Füchse auf sie warteten. Zusammen gingen sie dann zum „Kollegsaal" im Hauptgebäude.

„Soso?" klang es spöttisch vom Rednerpult im Saal, wo der Vorsitzende der Aufnahmekommission in seiner Würde thronte. „Da haben wir sie ja, die Schwätzer, die glauben, daß sie es geschafft haben. Na, wenn das mit diesem armseligen Stückchen, das ihr auf der Bühne zeigtet, erreicht werden sollte, dann müßtet ihr euch doch wirklich schämen."

„Wir tun ja schon gar nichts anderes mehr als uns schämen", flüsterte André, nur denen verständlich, die neben ihm standen. „Ich glaube, daß ich dieses verflixte Verb in sämtlichen Zeitformen und in allen Tonarten gesungen habe." Die Mädchen kicherten.

„Wer stört mich in meiner Rede?" tönte es streng vom Rednerpult her. Gerry fühlte sich wie in der Schule, als sie einmal geschwänzt hatten und vom Rektor zurechtgewiesen worden waren.

„Ich übe nur die vollendete vergangene Zukunft, Mijnheer", sagte André laut. „Ich sollte mich geschämt haben, du solltest dich..."

„Probieren Sie es mal mit: Ich sollte mich geschämt haben müssen", antwortete der Vorsitzende schlagfertig.

„Du solltest dich geschämt haben müssen", fuhr André unschuldig fort, und die anderen lachten. Aber zum Glück hatte der Mann auf dem Rednerpult es nicht gehört. Schnell setzten sie sich auf ihre Plätze. Die Mädchen auf die Bänke an den Querseiten, die Jungen einfach auf den Fußboden, denn die Füchse hatten noch kein Recht auf einen Stuhl. Es folgte dann noch eine ziemlich demütigende Ansprache, die mit den Worten endete:

„Ja, und jetzt meint ihr sicher, ihr hättet mit eurem Theaterstück alle Herzen gewonnen. Das solltet ihr aber ganz schnell vergessen. Als einziges habt ihr erreicht, daß es jetzt bereits halb zwölf ist und daß ich euch vor die Tür setzen muß! Hinaus mit euch!"

Mit Gejohle wurden sie aus dem Saal geschoben. Die Mädchen eilten die Treppen hinauf in den Aufenthaltsraum für Studentinnen, die Jungen blieben auf dem Gang.

Gleich sollten sie sich den Zugang nach drinnen erkämpfen. Das war dann die letzte Phase der Fuchszeit. Waren sie drinnen, würden sie als vollwertige Mitglieder empfangen werden. Dann kam die Verbrüderung. Die letzte Viertelstunde vor zwölf war die sogenannte saure Viertelstunde. Es waren die letzten Sprossen, auch für die Mädchen, wenn es bei diesen auch nicht so handfest zuging, denn sie brauchten sich nicht kämpfend Zugang zu verschaffen. Aber sie wurden von der Präsidentin noch einmal tüchtig vorgenommen. Vor allem diejenigen, die glaubten, jetzt etwas weniger bescheiden sein zu können, bekamen ihr Fett weg. Es stimmte, sie hatten in diesen drei Wochen sich gründliche Kenntnisse von den Gebräuchen innerhalb der Studentenvereinigung und dem Umgang der Studenten untereinander verschaffen können. Sie würden nicht mehr durch Unbeholfenheit und schlechte Manieren auffallen. Sie hatten gelernt, sich anzupassen, und sie hatten Kameradschaft und Unterordnung beigebracht bekommen. Trotz mancher Widrigkeiten war es eine schöne Zeit gewesen.

Mitten während der Ansprache der Präsidentin brach ein betäubender Lärm aus.

„Jetzt geht's los!" flüsterten die Mädchen. Türen wurden geschlagen, Stühle fielen um, und ein Gebrüll ertönte, daß einem Hören und Sehen verging. Es schien, als wäre die Hölle losgebrochen. Die Präsidentin konnte sich nicht mehr verständlich machen, und sie gab es dann auch lächelnd auf. Das war das Zeichen für die Mädchen, sich entlassen zu fühlen. Einige liefen zum Fenster, aber sie sahen nicht viel mehr als lachende Passanten, die stehen blieben, um zu sehen, wie der Kampf im Studentenhaus ausgehen mochte. Endlich ertönte Indianergeheul und dann das Getrampel vieler Füße auf dem hölzernen Fußboden.

„Sie sind drinnen!" riefen die Mädchen.

„Ja, ich glaube auch, daß sie drinnen sind", meinte die Präsidentin feierlich. „Und damit habe auch ich euch in unserer Verbindung willkommen zu heißen. Von jetzt an gehört ihr zu uns. Bindet eure Lätzchen ab. Ihr seid vollwertige Mitglieder geworden!"

„Hurra!" rief Rinie und warf das Lätzchen mit dem Stethoskop flatternd in die Höhe.

„Hilf mir doch eben!" bat Gerry flehentlich. Sie hatte in der Eile, das Lätzchen loszuwerden, in die Bänder einen Knoten gemacht. Jetzt zerrte sie ungeduldig an dem Ding.

„Warte", sagte Rinie hilfsbereit. „Du meine Güte, was hast du denn damit gemacht? Ich glaube, einen dreifachen Knoten."

„Au, vorsichtig! Du erwürgst mich ja fast!" beschwerte Gerry sich.

„Lieber halberwürgt aufgenommen werden als überhaupt nicht", lachte Rinie und knibbelte unverdrossen so lange an dem Knoten herum, bis sie die Bänder gelöst hatte.

Unten war es still geworden. Dann hörten sie jemanden mit großen Sprüngen die Treppe heraufkommen. Die Tür flog auf, und in der Türöffnung stand einer der älteren Studenten. Mit einer tiefen Verbeugung bat er die Damen, sich den Herren dort unten anzuschließen. Nun, das wollten sie natürlich nur allzugern, und mit klopfendem Herzen zogen sie im Gefolge der Präsidentin die Treppe hinunter.

Unten wurden sie von einer ernsten Gruppe erwartet. Es war ja auch wirklich ein feierlicher Augenblick. Als sie dann alle im Saal waren — der nun allerdings ein wenig verwüstet aussah —, hielt der Präsident der Aufnahmekommission den neuen Mitgliedern eine Ansprache.

„Sehr geehrte neue Veritarianer und Veritarianerinnen! Wir heißen Sie am heutigen Abend von Herzen willkommen in unserer Verbindung. Es ist uns eine große Freude, Sie jetzt begrüßen zu können. Sie haben ein paar schwere Wochen hinter sich. Aber die haben am heutigen Abend ihr Ende gefunden. Ich trinke mit Ihnen, Ältester des neuen Jahrganges, hiermit auf unsere Bruderschaft."

Er reichte dem Ältesten der bisherigen Füchse ein Glas zu, und mit untergehakten rechten Armen tranken sie ihre Gläser leer.

„Und jetzt lade ich euch alle ein, mit uns das große Fest der Verbrüderung zu feiern. Ihr habt gesiegt!"

Die letzten Worte gingen bereits unter in einem ohrenbetäubenden Jubel. Sofort begann einer der Neuen, auf dem in der Ecke des Saales stehenden Klavier das Vorspiel zu ihrem Verbindungslied zu spielen. Aus voller Kehle fielen sie alle ein. Mit Überzeugung sangen sie das Lied mit, das in den nächsten Jahren das Lied ihres Lebens sein würde.

Aber damit war der ernste Teil dieses Abends auch beendet. Das Klavierspiel ging in einen wilden Rumba über. Fröhlich und ausgelassen begannen die Paare zu tanzen.

Gerry war glücklich. Es wurde eine herrliche Ballnacht für sie. Noch nie hatte sie so etwas mitgemacht. Sie tanzte unermüdlich durch. Die Mädchen waren in der Minderheit, so wurde ihnen kaum Ruhe gegönnt. Aber sie fühlte auch keine Müdigkeit. Ihre Augen strahlten. Das Leben war schön!

Es gab Erfrischungsgetränke, um die Kehlen feucht zu halten, und es gab herzhafte Happen, um den Hunger zu vertreiben. Aber das war auch notwendig.

Das Schönste war, als ein paar der Älteren das „Gummi Arabicum" anstimmten.

Das war für sie etwas Neues, aber nachdem sie es ein paarmal gehört hatten, sangen sie begeistert mit: Gummi Arabicum — Gummi Elasticum! Das erste Jahr! Danach kam der zweite, dann der dritte Jahrgang. Selbst die alten Herren, die als ehemalige Mitglieder auch Zugang zu diesem großen Jahresfest hatten, kamen an die Reihe. Sie lachten und hatten ihren Spaß, stundenlang. Meist waren sie es, die mit ihren vergnügten Einfällen die anderen zum Lachen brachten. Es war wirklich ein Fest der Verbrüderung. Sie fühlten sich alle aufgenommen in eine große Familie, die die „Veritas" an diesem Abend war. Niemand brauchte sich vergessen oder nicht zugehörig zu fühlen. Es könnte immer so weitergehen, fand Gerry.

Aber es ging natürlich nicht immer so weiter. Schließlich sank sie todmüde auf die Seitenbank neben Rinie nieder.

„Oh, ich fühle meine Füße auch nicht mehr!" sagte Rinie zufrieden.

André stellte sich zu ihnen. „Habt ihr euch gut amüsiert?" fragte er. Er hatte mit seinen ehemaligen Klassengenossinnen einige Male getanzt.

„Ja, es war herrlich!" rief Gerry.

„Jetzt wird's aber Zeit, daß wir nach Hause kommen!" fand Rinie.

Allmählich lösten sich die Gruppen auf. Überall wurde Abschied genommen.

„Tja, dann müssen wir wohl heimgehen", sagte Gerry und erhob sich langsam.

„Ich bringe euch nach Hause, wenn ich darf", sagte André auf dem Wege zur Garderobe zu den Mädchen. „Oder habt ihr etwas dagegen?"

„Natürlich darfst du. Ich bin nicht sicher, daß wir heil nach Hause kämen, wenn wir allein gingen. Mir ist, als ob ich schwebte. In den siebten Himmel hinein", seufzte Rinie.

Gerry ging lächelnd mit. Sie hatte nicht einmal Andrés Worte gehört.

„Ich glaube, du bist überhaupt gar nicht richtig da", sagte Rinie und stieß ihre Freundin lachend an.

„Wie — was?" fragte Gerry aufschreckend.

„Woran hast du eigentlich gedacht?" fragte Rinie.

„Ich — och — ich weiß nicht", sagte Gerry etwas verlegen. Sie konnte es einfach nicht sagen. Sie hatte an den letzten herrlichen Walzer gedacht. André tanzte ausgezeichnet Walzer. Scheinbar mühelos hatte André sie zwischen den anderen Tanzpaaren hindurchgeleitet. Es war entzückend gewesen.

„Ja, das ist meiner", nickte Gerry, als André ihr fragend einen Regenmantel hinhielt.

„Sagt mal, was macht ihr morgen?" fragte André.

„Nun, es ist heute ziemlich spät geworden", meinte Rinie. „Es ist immerhin halb fünf. Wenn ich mich jetzt sofort schlafen lege, dann schlafe ich mich auch ordentlich aus."

„Ich werde wohl auch nicht so früh auf den Beinen sein", sagte André. „Morgen ist unser letzter Ruhetag. Montag beginnt der Ernst des Lebens, jedenfalls für mich. Ich muß um elf in meine erste Vorlesung."

„Wir fangen Mittwoch an — und ihr?" fragte Rinie.

„Ich muß auch am Montag hin, ins Labor am Katherinenkanal", sagte Gerry.

Sie gingen zu dritt auf die Straße, auf der sich Gruppen junger Leute in alle Richtungen zerstreuten. André reichte jedem der beiden Mädchen einen Arm. Das war so selbstverständlich und zugleich so nett vertraut, fand Gerry, daß sie auf einmal gar kein Bedürfnis mehr hatte, sich zu unterhalten.

Jetzt, nachdem sie das laute Treiben im Saal hinter sich gelassen hatten, merkten sie erst, wie still die Nacht auch in einer so großen Stadt sein kann. Es war kalt, aber sie empfanden den frischen Wind als ein angenehmes Streicheln auf ihren erhitzten Wangen. Nun fühlte auch Gerry Müdigkeit. Aber es war eine herrliche Müdigkeit, eine Zufriedenheit mit diesem bis ins letzte genossenen Abend.

Es war nicht weit bis zu ihrem Quartier.

„Herzlichen Dank für die Begleitung, André", sagte Rinie und suchte in ihren Taschen nach dem Schlüssel, den Frau van Voorne ihnen für diesen Abend mitgegeben hatte.

„Wenn ich nichts mehr von euch höre, sehen wir uns wohl am Sonntag in der Kirche. Geht ihr ins Hochamt? Oder lieber in den Herenstraat?" fragte André.

„Nein, lieber ins Hochamt", erwiderte Gerry schnell.

„Okay", sagte André. „Also, dann bis Sonntag!" Weg war er. Rinie schloß die Tür auf, und dann schlichen sie, um niemanden zu wecken, wie Einbrecher die Treppe hinauf. Als unter ihren Tritten eine Stufe knarrte, begann Rinie nervös zu kichern. Gerry stieß sie warnend an.

„Ich kann doch nichts dagegen tun", flüsterte Rinie.

Wieder knackte eine Stufe, und diesmal setzte Rinie sich gleich hin. Mit dem Taschentuch vor dem Mund saß sie da und lachte. Das reizte auch Gerrys Lachmuskeln, aber sie war müde und wollte nun endlich ins Bett.

„Komm jetzt", flüsterte sie. „Sonst sitzen wir morgen früh noch hier."

„O nein, das machen Einbrecher nie", kicherte Rinie, aber sie stand doch auf, und ohne weitere Zwischenfälle gelangten sie in ihr Zimmer. Dort konnten sie endlich Licht machen. Erst starrten sie sich etwas geblendet an. Dann begann Rinie wieder zu kichern.

„Da stehen sie nun, die Bummelanten!" lachte sie, aber dann ließ sie sich plötzlich auf ihr Bett fallen. „Hihi, ich glaube, ich gehe schlafen, so wie ich bin. Ich bin nicht mehr imstande, mich auszukleiden."

„Nein, Kind, so kannst du nicht schlafen", redete Gerry ihr zu.

„Na, dann mal los!" seufzte Rinie und richtete sich langsam wieder auf. Die Kleidungsstücke feuerte sie auf einen Stuhl.

„Jetzt kann ich aber keinen Mucks mehr sagen. Auf Wiedersehen!" schloß sie und schob sich zwischen die Laken, ohne Gerry auch nur noch einen Blick zu gönnen.

Auch Gerry war froh, als sie endlich zwischen den kühlen Laken lag. Sie streckte sich behaglich. Wie still es doch überall war! Rinie schien schon zu schlafen, aber Gerry konnte noch nicht schlafen. Sie war noch viel zu angeregt. In Gedanken ließ sie die Geschehnisse des Abends noch einmal an sich vorüberziehen, und ein neues Gefühl erregte sie glücklich. Irgend etwas war mit ihr an diesem Abend geschehen, so, als wäre sie eine andere geworden. Sie konnte es nicht so recht in Worte fassen, was es war. Sie hatte nur das starke Gefühl, jetzt dazuzugehören. Aber wozu? Vielleicht fühlte sie, daß sie erwachsen geworden war. Ja, das mußte es sein. Erwachsen!

Sie würde es wahrmachen! Sie würde es erkennen lassen, daß sie erwachsen geworden war. Daß sie imstande sein würde, Verantwortung zu tragen. Daß die Menschen mit ihr rechnen konnten!

Aber jetzt verlangte auch bei ihr die Natur ihr Recht. Ihre Augen schlossen sich. Und mit glücklichem Lächeln schlief sie ein.

Mutter und Tochter

Gerry Brans ging mit einem Bündel Notizen unter dem Arm aus dem drückend schwülen Vorlesungssaal hinaus. Sie ließ den Füllhalter in ihre Schultertasche gleiten und drängte sich zwischen einer Gruppe diskutierender Medizinstudenten hindurch zur Garderobe, wo ihr Regenmantel an einem alten, verbogenen Haken hing. Es war ziemlich trübe in dem feuchten Gang, der nach nassen Kleidungsstücken roch und in dem ungewissen Novemberlicht dunkel und zwielichtig wirkte.

Der Vormittag war ihr langweilig erschienen, obwohl sie eine Vorlesung in ihrem Lieblingsfach gehört hatte. Nun ja, Lieblingsfächer waren es nun eigentlich alle. Immerhin war es doch notwendiges Wissen für ihr selbstgewähltes Ziel. Wie konnte sie das langweilig finden? Gewiß, der Professor, der in diesem Fach dozierte, war nicht einer der unterhaltendsten, aber sie hörte ihm trotzdem aufmerksam zu, da sie nun einmal alles interessierte, was mit der Pharmazie zusammenhing. Aber heute hatte sie doch einige Mühe damit gehabt. Sie war froh, daß der Vormittag vorüber war. Vielleicht lag es an dem scheußlichen Wetter, das nun schon seit Tagen anhielt. Nun ja, es war eben Ende November.

Gerry zwängte sich in ihren noch nassen Mantel. Die Mäntel wurden, fand sie, in diesem alten Gebäude eher nasser als trockener. Sie würde ihn sofort über die Heizung hängen, dann kam sie wenigstens heute abend trokken nach Hause.

Fein! Heute fuhr sie nach Hause. Heute war Freitagabend, und morgen hatte ihr Vater Geburtstag. Sie war seit ihrer Ankunft in Utrecht noch nicht ein einziges Mal weggewesen. Es war auch immer so viel los, sogar sonntags. Und sie und Rinie hatten sich nun einmal vorgenommen, wirklich ernsthaft zu studieren. Das kostete sie auch nicht viel Überwindung. Ihr Zimmer war herrlich gemütlich und vor allem auch ruhig. Sie kamen fabelhaft miteinander aus. Hier und da ärgerten sie sich mit irgendwelchen Kleinigkeiten, studierten aber einträchtig und sorgten gemeinsam für ihr tägliches Brot. Sie hätte es sich nicht besser vorstellen können. Sie fühlte sich hier ganz erwachsen, so völlig für sich selbst verantwortlich. Sie hatte noch keinen Augenblick Heimweh gehabt. Und sie hatte keinen Grund, hin und wieder nach Hause zu fahren. Mutter schrieb ihr für gewöhnlich sehr nette, unterhaltende Briefe. Mutter konnte das großartig! Alle Neuigkeiten wurden erzählt, und sie blieb mit allem auf dem laufenden. Aber sie freute sich jetzt doch, daß sie zu Hause Vaters Geburtstag mitfeiern konnte. Sie fuhr allein. Rinie blieb lieber in Utrecht, wenn sie auch das Wochenende über allein sein mußte. Immerhin war in zwei Wochen Nikolaus, und dann fuhr sie sowieso nach Hause.

Gerry blieb einen Augenblick auf der Schwelle stehen und zögerte, in die Nässe hinauszugehen. Doch dann stapfte sie entschlossen hinaus. Sie würde sich beeilen müssen. Rinie würde noch nicht zu Hause sein. Die kam freitags immer später. Vielleicht konnte sie sich noch schnell umziehen und ihre Reisetasche packen. Bis zum Essen mußte sie reisefertig sein, dann konnte sie den Zug um Viertel nach sieben noch bekommen und war frühzeitig zu Hause. Das wäre auch für Vater und Mutter angenehmer.

Hastig lief sie an den Häusern entlang. An der Ecke schlüpfte sie in den Bäckerladen. Es war ihre Aufgabe, für Brot zu sorgen. Rinie brachte immer Obst und Milch mit. Sie kam an den Geschäften vorbei, wenn sie von ihren Vorlesungen kam.

„Was darf es sein, mein Fräulein?" fragte der Bäcker freundlich. „Ein ganzes oder ein halbes?" Er kannte die Mädchen allmählich und wußte, daß sie zu zweit zur Untermiete wohnten.

„Für heute genügt ein halbes", meinte Gerry und holte ihr Portemonnaie hervor.

„Bitte sehr", sagte der Mann, während er versuchte, das Brot in ein kleines Stück Papier zu wickeln.

„Oh, lassen Sie nur!" sagte Gerry, als sie bemerkte, daß er ein größeres Stück Papier nehmen wollte. „Ich bin ja gleich zu Hause." Sie könnte noch etwas Leckeres für Rinie mitnehmen, überlegte sie. Als Trost in ihrer Einsamkeit. „Geben Sie mir bitte noch zwei Törtchen", sagte sie.

„Zwei Törtchen", nickte der Mann, „bitte sehr."

Etwas später lief sie mit dem Brot und den vorsichtig verpackten Törtchen in der Tasche nach Hause. Sie kam gleichzeitig mit Marten van Voorne an, der schon geklingelt hatte; das ersparte ihr die Mühe, nach dem Schlüssel zu suchen.

„Sie kommen heute aber früh nach Hause", sagte er mit einem schnellen Blick auf das Päckchen, das Gerry in der Hand hielt. Er war zu gut erzogen, um etwas darüber zu sagen. Gerry aber bemerkte es wohl und bedauerte sehr, daß sie für ihn nichts hatte. Sie beschloß, beim nächsten Mal auch an Marten und seine Schwester zu denken.

„Ja, ich fahre gleich nach Hause", sagte sie. „Mein Vater hat morgen Geburtstag."

„Haben Sie noch einen Vater?" fragte der Junge erstaunt. „Warum wohnen Sie dann hier?"

„Ich studiere doch hier", sagte sie. „Mein Vater und meine Mutter wohnen in Den Bosch. Das ist zu weit weg."

„Ach so", sagte Marten. Joke hatte inzwischen die Haustür geöffnet, und die beiden Kinder verschwanden im Wohnzimmer. Gerry lief schnell nach oben. Im Zimmer legte sie erst einmal ab. Dann zog sie sofort ihren Regenmantel aus und hängte ihn über die Heizung. Dabei ließ sie ihren Blick durch das Zimmer gleiten. Wie gemütlich war es doch in ihrem eigenen Reich! Sie knipste zwei kleine Wandlampen an. Dann nahm sie ein Schälchen aus dem Schrank und legte die Törtchen darauf. Sie stellte das Schälchen etwas beiseite; es sollte für Rinie ja eine Überraschung sein.

So, jetzt würde sie sich erst einmal umziehen. Sie nahm ihre Reisetasche aus dem Wandschrank. Da konnte sie gleich ihre Sachen einpacken und brauchte nachher nicht noch einmal nach oben zu gehen.

Sie zog sich etwas Warmes an. Es schien fast so, als ob dieses Nieselwetter noch kälter werden würde; vielleicht kam bald der erste Frost. Im Schlafzimmer war es schon ziemlich kalt. Das war sie nicht gewohnt, zu Hause hatten sie überall Zentralheizung. Gerry konnte sich keine rechte Vorstellung davon machen, wie kalt und klamm ein ungeheiztes Schlafzimmer im Winter ist. Nun ja, sie würde sich beeilen, dann hatte sie damit wenigstens jetzt keine Last. Sie zog eine hübsche Strickjacke an mit einem weiten, farbigen Rock. Darin fühlte sie sich so richtig behaglich. Gerade, als sie sich etwas zurechtgemacht hatte und damit beschäftigt war, ihre Tasche zu packen, hörte sie Rinie nach Hause kommen.

Mit großen Sprüngen kam sie die Treppe herauf. „Oh, hier ist es aber gemütlich!" hörte Gerry sie zufrieden sagen.

Als Gerry etwas später nach unten kam, begann gerade der Wasserkessel zu flöten. Rinie goß den Tee auf.

„Ich hab' schnell ein paar Eier gekocht, weil uns der Käse ausgegangen ist", sagte sie. „Hui, wie hübsch hast du dich gemacht, Mädchen!" fügte sie bewundernd hinzu.

„Hm, lecker", sagte Gerry. „Die werden bei dem schlechten Wetter gut schmecken." Rinies zweite Bemerkung überging sie damit. Sie fühlte sich immer ein bißchen aufgezogen, wenn Rinie so etwas sagte. Sie sagte es zwar ohne jeden Neid, aber Gerry spürte doch den Unterschied zwischen ihnen. Natürlich, sie sah wirklich sehr gut aus, aber Rinie brauchte es trotzdem nicht zu sagen, sie fühlte sich dann immer fast schuldig.

„Fein, daß du schon alles fertig hast, ich muß mich beeilen", sagte sie.

„Hast du deine Tasche schon gepackt?" fragte Rinie und sah vom Brotschneiden auf. Sie kam damit noch nicht so gut zurecht. „Sag mal, hast du auch das Geschenk für deinen Vater eingepackt?"

„Du meine Güte, nein", erschrak Gerry. „Ich Schlafmütze! Ich wäre ohne das Buch nach Hause gefahren." Sie nahm das Päckchen, das auf ihrem gemeinsamen Schreibtisch bereit lag, und legte es obenauf in die Tasche. Es war ein Buch, über das in der „Veritas" viel gesprochen worden war. Es schien genau das richtige für ihren Vater zu sein, der sich sehr für Geschichte interessierte. Sehr viel Taschengeld hatte sie nicht übrigbehalten, aber das machte nichts. Gerry setzte sich an den Tisch, auf dem jetzt alles fertig war. Rinie goß Tee ein.

„Bitte, gratuliere deinem Vater auch in meinem Namen", sagte sie.

„Selbstverständlich", nickte Gerry. „Sag mal, verstehst du, daß ich eigentlich gar keine Lust habe, jetzt von hier wegzugehen? Es ist hier so gemütlich, und jetzt am Abend noch mit dem Zug fahren müssen — brrr!"

„Dann denke einfach daran, daß du gleich zu Hause sein wirst", sagte Rinie.

„Ja, natürlich." Gerry klopfte ihr Ei auf und strich sich ein Butterbrot. Dann sah sie sich mit beinahe wehmütigem Blick im Zimmer um.

Gleich darauf aber biß sie schnell in ihr Brot und schüttelte die Trübsal von sich ab. Sie war wohl verrückt. Schließlich ging es für zwei Tage nach Hause! Übermorgen abend kam sie ja schon wieder zurück. Und es war doch bestimmt herrlich, nach Hause zu fahren, um Vaters Geburtstag zu feiern.

„Was machst du denn in diesen Tagen?" fragte sie, nur um etwas zu sagen; eigentlich mehr noch, um das fremde, beklemmende Gefühl von sich abzuschütteln. Was hatte sie nur?

„Oh, heute abend bleibe ich hier und büffele", sagte Rinie. „Ich muß mich einmal gründlich durch die Anatomie wühlen. Und morgen abend gehe ich zum Diskussionsabend. Es soll ein Gespräch über die unterentwickelten Gebiete werden. Nun, den Sonntag werde ich auch irgendwie schon überstehen. Vielleicht schaue ich einmal bei Truus herein."

„Wenn du heute abend fleißig gelernt hast, darfst du auch mal auf das Fensterbrett hinter der Gardine gucken", bemerkte Gerry geheimnisvoll.

„Was ist denn da?" fragte Rinie neugierig.

„Das wirst du schon sehen", antwortete Gerry. „Aber jetzt noch nicht!" fügte sie schnell hinzu, als sie sah, daß Rinie bereits aufstand.

„Dann nicht", meinte Rinie achselzuckend und setzte sich wieder. „Möchtest du noch Tee?"

„Ja, gern", erwiderte Gerry. Sie sah auf ihre Armbanduhr. „Aber jetzt muß ich gehen. Ich hab' noch keine Fahrkarte."

„Sei froh, daß wir hier am Katherinenkanal wohnen und nicht irgendwo weit draußen." Rinie tat sich einen Löffel Zucker in den Tee.

„Oh, darüber freue ich mich jeden Tag!" Gerry steckte sich den letzten Bissen ihres Marmeladenbrotes in den Mund und lief dann zur Heizung, wo noch ihr Regenmantel hing. Er war jetzt trocken. „Ha, herrlich warm!" freute sie sich, während sie schnell in die Ärmel fuhr. „Das mache ich jetzt immer so."

„Für die Luft hier ist es allerdings nicht gerade das Beste", meinte Rinie.

„Ich werde daran denken", lachte Gerry. „Aber jetzt stört es ja auch nicht mehr."

„Ach, laß nur", sagte Rinie, als sie sah, daß Gerry noch schnell etwas aufräumen wollte. „Ich räume gleich gemütlich alles weg, wenn du fort bist. Sieh zu, daß du schnell zum Zug kommst."

„Fein, du bist ein Engel!" rief Gerry froh. „Also dann — auf Wiedersehen. Ich komme Sonntagabend rechtzeitig zurück. Montag ist um neun Uhr Vorlesung bei Doktor van de Groot, da muß ich vorher noch nach den Präparaten im Labor sehen."

„Viel Spaß!" winkte Rinie, die noch am Tisch saß und Tee trank, ihr zu.

Schnell lief Gerry die Treppe hinunter. Sie klopfte eben an die Wohnzimmertür Frau van Voornes und steckte dann den Kopf durch die Tür.

„Ich fahre nach Hause, Frau van Voorne. Schönes Wochenende!"

„Oh, guten Abend, Gerry!" Frau van Voorne blickte erstaunt auf. „Ja, auch Ihnen ein schönes Wochenende."

„Auf Wiedersehen, Kinder!" sagte Gerry und zog schnell die Tür hinter sich zu, denn sie mußte sich wirklich beeilen. Rasch lief sie am Kanal entlang zum Bahnhof.

Sie kam noch rechtzeitig zum Zug. Es war um diese Zeit kein Gedränge, und sie konnte sich in aller Ruhe einen Platz am Fenster suchen. Da saß man immer viel ruhiger, fand Gerry. Denn der Aussicht wegen hätte es nicht viel Sinn gehabt. Das Fenster war naß und ungemütlich, und nachdem der Zug die Station verlassen hatte, blickte sie nur noch in die Dunkelheit hinein. Sie zog den Mantel fester um sich, denn sie fror, obwohl der Zug gut geheizt war.

Wieder überfiel sie dieses fremde, unbestimmte, unbehagliche Gefühl, das sie sich nicht erklären konnte. Sie hatte das wohl früher schon gehabt, an jenem verteufelten Tag, als sie mit einer Strafarbeit heimkam, früher, noch in der Schulzeit. Aber jetzt! Sie hatte doch eigentlich allen Grund, sich froh und zufrieden zu fühlen. Und doch wollte sie sich nicht einstellen, diese unbekümmerte Fröhlichkeit.

Gegen acht Uhr stand sie vor der Tür ihres Elternhauses. Sie hatte noch nicht einmal geklingelt, als die Tür bereits aufflog und die Zwillinge sie triumphierend hereinholten.

„Fein, daß du schon so schön früh kommst!" sagte Fons. „Wir haben unsere Schularbeiten schon gemacht und dürfen jetzt bis halb zehn aufbleiben."

„Ist ja prima", sagte Gerry. Dann flog sie der Mutter um den Hals, die gerade aus der Küche kam.

„Tag, Mams, ich bin ja so froh, daß ich da bin."

„Was hast du denn da alles in der Tasche?" fragte Vincent und betastete argwöhnisch Gerrys schwere Reisetasche. „Du mußt doch hoffentlich keine Hausaufgaben machen?"

„Natürlich nicht, du Esel", meinte Fons. „Auf einer Universität bekommen sie doch keine Hausaufgaben."

„Das denkt ihr euch", sagte Gerry. „Ich habe in meinem Leben noch nie so viel gearbeitet wie augenblicklich."

„Na ja, ich meinte doch auch nur: es werden keine Hausaufgaben gestellt und nachgesehen", verteidigte Fons sich.

„Nein, das nicht", lachte Gerry. „Man stelle sich vor, de Groot sagt: ‚Kommen Sie bitte an die Tafel. Sie haben ja wieder nichts getan! Gehen Sie zum Rektor Magnificus!'" Gerry lächelte vor sich hin.

„Komm jetzt aber herein", sagte Mutter. „Häng deinen nassen Mantel in die Spülküche. Da kann er besser trocknen."

Vincent lief neben ihr her, während sie ihren Mantel dorthin brachte.

„Sag mal, was hast du für Vater?" fragte er mit Verschwörerflüstern. „Wir haben ihm einen neuen Löscher gekauft für seinen Schreibtisch. Er kostet fast sechs Gulden. Eine Menge, was? Aber ich glaube, daß er sich darüber freuen wird. Er hat sich in der letzten Zeit oft darüber beschwert, daß der alte gar nicht mehr zu gebrauchen sei."

„Fein. Ob er das wohl ahnt?" fragte Gerry lächelnd. Das war ganz und gar Vincent! Der konnte nie den Mund halten. Er mußte unbedingt mit jedem darüber reden. Sie dachte an die Geheimnisse, die er ihr immer anvertraute. Fons war da anders, viel verschlossener. Er hatte sich auch daran gewöhnt, daß sein Zwillingsbruder immer das große Wort führte.

„O nein, er ahnt nichts", sagte Vincent.

„Ich habe ein Buch für ihn", sagte Gerry, aber das interessierte Vincent schon nicht mehr.

Er hatte die Frage nur gestellt, um über sein eigenes Geschenk reden zu können.

Als sie ins Wohnzimmer kamen, telefonierte der Vater gerade. Auch das war vertraut. Es geschah oft, daß Vater am Abend noch Gespräche führte. Diesmal ging es, wie Gerry hörte, um Gardinenstoffe. Vater nickte ihr lachend zu. Mutter stellte leise die Kaffeetassen zurecht. Schnell und geräuschlos ging das, sie war daran gewöhnt.

„Hast du viel zum Flicken mitgebracht?" fragte sie flüsternd. „Dann hole ich es gleich aus deiner Tasche."

„Nein." Gerry schüttelte den Kopf. Mutter ist ein Engel, dachte sie. Sinnend sah sie ihr nach, als sie aus dem Zimmer ging, um den Kaffee zu holen. Sie sorgte für alle und dachte an alles.

„Das wäre dann also erledigt. Ich bekomme noch in dieser Woche die schriftliche Bestätigung. Guten Tag, Herr van Loon", sagte Vater und legte den Hörer auf die Gabel.

„So, das wär's!" Er lächelte zufrieden. „Und du bist inzwischen auch da. Wie geht's?" fragte er herzlich.

Gerry lief zu ihm, schlang die Arme um seinen Hals und gab ihm einen Kuß.

„Ausgezeichnet, Vater", antwortete sie.

„Laß dich mal ansehen!" Prüfend betrachtete er ihr Gesicht. „Hm, du siehst ganz zufrieden aus", meinte er. Dann wandte er sich an die Mutter, die gerade wieder hereinkam. „Sie sieht gut aus, nicht wahr?"

„Ein bißchen zu dünn", lächelte Mutter. „Ihr eßt doch hoffentlich genug?" fragte sie besorgt. „Zwei Mädchen allein... Macht ihr euch auch jeden Tag warmes Essen?"

„Wir essen wie die Wölfe", sagte Gerry munter. „Wir haben immer Hunger."

„Das ist ein gutes Zeichen", meinte Vater. „Gesunde junge Menschen müssen Hunger haben."

„Geht ihr auch nicht zu spät schlafen?" fragte Mutter wieder.

„Manchmal schon", mußte Gerry zugeben. Sie dachte dabei an den Verbrüderungsabend. „Aber wenn es mal spät geworden ist, schlafen wir uns morgens aus." Sie mußte über das skeptische Gesicht ihrer Mutter lachen. „Aber das passiert sowieso nicht oft", erzählte sie, „wir sind schrecklich solide und arbeiten schwer."

„Ja, das glaube ich gern", lächelte Mutter. „Ich sehe dir wohl an, daß es dir gutgeht." Sie begann Kaffee einzugießen. „Wo sind die Jungens jetzt schon wieder?" fragte sie dann. „Gerade eben saßen sie noch hier. Nun, ich schenke ihnen auch schon ein, sie werden wohl gleich wieder hereinkommen."

„Sie werden wohl beim Plattenspieler sitzen", vermutete Vater. „Sie haben für ihre Zwischenzeugnisse von Karien und Theo ein paar neue Platten bekommen. Eine schreckliche Musik! Von den Beatles. Ich hab' ihnen gesagt, sie könnten spielen, sooft sie wollen, aber bitte so, daß ich nichts davon höre. Sie sind ganz wild darauf und kennen sämtliche Stars."

„Nun ja", begütigte Mutter, „wenn sie Spaß dabei haben — das geht schon wieder vorüber."

„Hatten sie gute Zeugnisse?" fragte Gerry interessiert. Sie fühlte sich als die große Schwester ihrer Brüder.

„O ja, sie sind ordentlich", sagte Mutter. „Nur Vincent hat etwas Ärger mit der Mathematik. Er hat eine Fünf in Algebra. Aber sonst hatten sie kein einziges Ungenügend."

In diesem Augenblick kamen die beiden Musikliebhaber wieder herein. Fons imitierte mit verstellter Stimme die Sänger. Er sang so schmachtend, daß auch Vincent sich ein Grinsen nicht verkneifen konnte.

„Wir haben jetzt so tolle Platten, Gerry. Du mußt unbedingt kommen und zuhören", sagte er. Sofort wollte er wieder aus dem Zimmer laufen.

„Morgen", antwortete Gerry. Sie hatte im Augenblick nicht die geringste Lust, mit den Jungen nach oben zu gehen. Behaglich kringelte sie sich in den großen Polstersessel.

Die Zwillinge gaben sich geschlagen. Die langen Beine ineinandergeschlungen, saßen sie jeder an einem Ende des Tisches.

„Was wollen wir jetzt machen?" fragte Vincent, der stets rastlose. „Sollen wir Schach spielen?"

„Kannst du ja doch nicht", brummte Fons hinter seiner Zeitung hervor. Er hatte sich eine Bildgeschichte ausgesucht und verfolgte mit großem Interesse die täglichen Abenteuer seines Helden. „Um Schach zu spielen, muß man eine mathematische Ader haben."

„So ein Quatsch!" meinte Vincent. „Das sind doch keine Rechenaufgaben!"

„Na ja, aber alle großen Schachkanonen waren auch Rechenkünstler", verteidigte Fons sich.

„Stimmt das, Vater?" fragte Vincent.

„Das darfst du mich nicht fragen", lächelte der Vater. „Ich bin da nicht so auf der Höhe."

„Nun ja, meistens trifft es wohl zusammen", mischte Gerry sich ein. Sie hatte Spaß an der lebhaften Unterhaltung der Jungen. Das war so vertraut. „Aber man braucht doch auch kein Schachwunder zu sein, um Spaß daran zu haben", fand sie den goldenen Mittelweg.

„Nein, natürlich nicht", gab Vincent zu. „Sollen wir beide mal zusammen spielen?"

„Na, gut", sagte Gerry. Sie saß träge zurückgelehnt im Sessel und wartete, bis Vincent das Brett geholt und die Figuren aufgestellt hatte.

„Setzt du dich hierher?" fragte er dann.

„Muß das sein?" fragte Gerry zurück. Sie reckte sich. Sie saß hier so herrlich bequem.

„Ja, ich kann doch das Brett nirgendwo anders hinsetzen", sagte Vincent etwas enttäuscht.

„Na, dann mal los", sagte Gerry und kam langsam aus ihrem Sessel heraus. Gleich danach waren sie in das Spiel vertieft, wenigstens Vincent. Mit tiefen Falten auf der Stirn brütete er über jedem Zug. Gerry nahm die Sache nicht so ernst. Sie blickte sich zwischendurch immer wieder im Zimmer um. Auf Vincent vor allem, der so vertieft in das Spiel war. Er war wirklich ein netter Junge. Fons natürlich auch. Der blätterte noch immer in seiner Zeitung herum, nicht mehr im Unterhaltungsteil, sondern jetzt las er die Titelseite. Sie sah, daß er sich den Leitartikel vorgenommen hatte. Fing er an, sich dafür zu interessieren? Ein Junge ist doch ganz anders als ein Mädchen, überlegte sie. Ihr war mit vierzehn Jahren dies alles gleichgültig gewesen. Die Welt drehte sich ohne sie, und sie brauchte darum auch nichts von ihr zu wissen. Sie hatte genug mit ihren Schulangelegenheiten zu tun und mit dem, was sie zu Hause erlebte. Als sie älter wurde, änderte sich das natürlich. Da merkte sie allmählich, daß auch sie dazugehörte. Daß das alles sie sehr wohl etwas anging. Vor allem in den letzten Monaten war sie sich darüber klargeworden. Vielleicht kam es daher, daß sie jetzt mehr hörte und selbst mehr dazwischen war — nicht mehr nur im geschlossenen Kreis ihres häuslichen Lebens. Das war gut so. Gerry empfand es als eine Wohltat, dazuzugehören, Mensch unter Menschen sein zu dürfen..."

„He, du bist dran!" schreckte Vincent sie aus ihren Betrachtungen auf.

„Ich? Ich dachte, du brütetest noch über einem neuen Zug!" fuhr sie empor.

„Ich hab' doch eben den Springer gesetzt", sagte Vincent. „Beeil dich, sonst vergesse ich noch meinen Angriffsplan."

„Ja, warte", murmelte Gerry. „Ich muß nur eben nachdenken, was ich machen soll."

„Wir müßten eigentlich eine Uhr dabei haben", fand Vincent. „Dann ist es viel echter."

„Dann würdest du bestimmt dauernd in Zeitnot sitzen", brummte Fons, der kurz von seiner Zeitung aufblickte und dann weiterlas.

„Ich mach's so", sagte Gerry und zog einen Läufer quer übers Brett. Sie konnte gleich Schach bieten.

„Paß auf, du! Den hol' ich mit meiner Dame!" warnte Vincent sie. „Oje, ja!" Gerry erschrak und zog den Läufer hastig wieder auf seinen Platz. Sie mußte tatsächlich aufpassen. Vincent hatte viel dazugelernt. Sie durfte während des Spieles nicht mehr dasitzen und träumen. Vorsichtig geworden, zog sie jetzt nur einen Bauern vor. Aber da Vincent darüber eine Weile nachzudenken hatte, konnte sie ihre Gedanken wieder schweifen lassen. Sie blickte zu ihrem Vater hin, der auf seinem Schreibtisch Papiere ordnete und sich einige Notizen in seinen Terminkalender machte, und zur Mutter, die ein Buch las, in das sie vertieft zu sein schien wie ein junges Mädchen. Das war bei Mutter schon immer so gewesen. Wenn sie las, hörte sie nichts. Dann konnten sie rings um sie reden, soviel sie wollten, sie merkte nichts.

Gebannt blickte Gerry auf das Gesicht ihrer Mutter. Ihre Wangen waren leicht gerötet, und ihre Augen glitten schnell die Zeilen entlang. Ein Lächeln spielte um ihren lieben Mund. Mutter war hübsch, fand Gerry plötzlich. Komisch, früher hatte sie gar nicht so darauf geachtet. Bei älteren Menschen merkte man es nicht so. Aber ihre Augen waren so lebendig, und sie hatte ein so weiches Gesicht. Ihre Stirn war hoch und glatt. Natürlich waren ein paar

Fältchen darin, aber sie störten nicht, sie machten das Gesicht klug und verstehend.

Gerry sah wieder zum Schachbrett hin. Es kam ihr plötzlich so vor, als sei sie zudringlich gewesen. Und noch etwas anderes verwirrte sie. Sie wußte nicht, was es war. Ein fremdes, beklemmendes Gefühl, als ob dies alles, was sie hier erlebte, gar nicht wirklich sei: daß sie hier als eine glückliche Familie so gemütlich beisammen saßen.

Sie starrte auf das Brett, als überlege sie, was sie ziehen wolle, aber ihre Gedanken waren nicht bei der Sache. Sie versuchte, die Beklemmung, die sie schon den ganzen Abend über gefühlt hatte, von sich abzuschütteln. Vorhin, als sie sich wieder aufgenommen fühlte in die alte, vertraute Umgebung, war es eine Zeitlang nicht zu spüren gewesen, aber jetzt kam es wieder zurück, stärker noch als im Zug. Sie versuchte sich zu beschwichtigen. Was brauchte sie sich denn zu sorgen! Sie waren eine glückliche Familie. Schon immer waren sie das gewesen: Ein Vater, der stets schwer arbeitete und doch immer Zeit für seine Familie hatte. Eine Mutter, die sorgte und Wärme um sich verbreitete und die manchmal noch wie ein junges Mädchen wirkte. Und sie selbst und die Jungen, sorglos, ausgeglichen und glücklich. Alles war zufrieden und gut.

„Schach!" klang es triumphierend. Vincent rieb sich die Hände.

„Ach, wie dumm von mir!" klagte Gerry. „Ich hätte den Turm nicht wegsetzen dürfen. Der deckte den König und die Königin."

„Tja, das hättest du lassen sollen", fand auch Vincent. „Ich glaube, du bist auch matt."

„Wirklich?" sagte Gerry, und sie probierte schnell noch ein paar Möglichkeiten, zu entkommen. Aber es gab keine mehr. Sie mußte sich geschlagen geben. Feierlich reichte sie Vincent die Hand. Sie war eigentlich froh, daß sie diese kleine Komödie spielen konnte. Es war, als glitte damit das beklemmende Gefühl von ihr ab.

„Mam, ich hab' gegen Gerry gewonnen!" rief Vincent stolz.

„Ja?" Mutter blickte verwirrt von ihrem Buch hoch. „Nun, das ist ja allerhand", sagte sie dann, als sie sich wieder zurechtfand. „Was, schon halb zehn? Ihr müßt ins Bett, Jungens! Wir gehen morgen zusammen in die Kirche."

Alles war wieder so wie gewohnt, so daß Gerry vergaß, wie unbehaglich sie sich gefühlt hatte. Sie lauschte lächelnd den Erwiderungen der Jungen, die schließlich doch, wenn auch nicht gerade geflügelten Fußes, bettwärts zogen.

Viel später, als die Jungen bereits schliefen, half sie ihrer Mutter eben beim Wegräumen der Kaffeetassen. Morgen würde noch genug anderes zu tun sein. Es würde gemütlich werden, wenn sie nach der Kirche zusammen frühstückten. In der Küche, als Mutter am Abwaschtisch stand und eben die Tassen durchspülte, schlang sie in einer plötzlichen Aufwallung die Arme um sie.

„Was ist denn?" lächelte die Mutter. „Verrücktes Mädchen!" Aber Gerry fühlte sehr gut, daß sie das nicht so meinte. Sie drückte für einen Augenblick die Wange gegen Gerrys Haar.

„Ach, nichts", lachte Gerry ein bißchen verlegen. „Ich bin nur so froh, daß ich wieder zu Hause bin. Es ist hier so gemütlich."

„Ich bin auch froh, daß du hier bist, mein Kind", sagte Mutter liebevoll. „Es ist in der letzten Zeit hier so ein

Männerhaushalt geworden. Sie sind zwar alle nette Kerle, aber schließlich habe ich doch auch noch zwei Töchter."
Sie setzte, gleichfalls etwas verlegen über ihren Herzenserguß, die Teekanne für den anderen Morgen zurecht.

„Du bist eine liebe Mams", flüsterte Gerry, und sie küßte ihre Mutter ungestüm. „Schlaf gut!"

Etwas verwirrt ging Gerry nach oben. Sie fühlte sich auf seltsame Art glücklich. Es war, als habe sie ihre Mutter erst jetzt so gesehen, wie sie wirklich war. Mit einem eigenen Leben und eigenen Gefühlen. Diese neue Erkenntnis machte sie etwas unsicher, aber auch froh. Vergessen war, daß sie ein so eigenartiges Gefühl gehabt hatte. Zurück blieb nur das eine, daß sie sich älter und klüger fühlte...

Nebel

Es war am Sonntagmittag um halb drei.

Etwas abgespannt saß Gerry in ihrem Sessel. So ging es ihr stets nach einer Festlichkeit. Mutter hatte sich für ein Stündchen hingelegt. Sie war nach all der Unruhe auch ziemlich müde gewesen. Vater machte in seinem großen Sessel ein Nickerchen. Die Jungen waren nicht da. Sie hatten Vater Geld entlockt für einen Film, über den sie von ihren Schulkameraden begeisterte Berichte gehört hatten. Wildwest natürlich. Darauf waren sie ganz versessen. Es konnte ihnen gar nicht wild genug zugehen. Deshalb saß Gerry jetzt allein. Sie hatte sich eine illustrierte Zeitschrift genommen, die sie zwischen den Tageszeitungen gefunden hatte. Sie schien nett zu sein, aber sie las eigentlich gar nicht darin. Ihr Interesse war im Augenblick etwas eingeschläfert.

Draußen war es nach wie vor unfreundlich. Die Nebel der letzten Tage hatten sich zwar etwas gelichtet, aber jetzt fiel ein kalter Novemberregen. Träge reckte sich Gerry. Ach, eigentlich konnte sie in diesem bequemen Sessel auch ein bißchen schlafen. Sie kringelte sich behaglich zusammen. Aber dann griff sie doch wieder nach der Zeitschrift. Sie konnte doch als Neunzehnjährige keinen Nachmittagsschlaf halten! Daher versuchte sie jetzt, sich in einen Bericht über eine Polarexpedition zu vertiefen. Brrr, man fing ja an zu frieren, wenn man die Aufnahmen sah!

Ohne daß es ihr bewußt wurde, fiel ihr das Blatt aus der Hand, und sie starrte sinnend nach draußen.

Es war gestern ein netter Tag gewesen. Schade, daß er

vorüber war. Es waren Gäste gekommen. Mutter und sie hatten reichlich zu tun gehabt mit dem Einschenken von Kaffee und Tee und dem Anbieten des Gebäcks. Natürlich war Karien auch da, aber Mutter wollte nicht, daß sie die ganze Zeit über mithalf. Sie habe ja in ihrem eigenen Haushalt genug zu tun, meinte sie. Karien hatte es sich gefallen lassen. Nicht, daß Gerry ihr das verübelt hätte. Es war nett, daß sie überhaupt da war. Theo hatte nicht den ganzen Tag über dabeisein können. Er konnte an einem Sonnabend im Geschäft nicht entbehrt werden. Das war der anstrengendste Tag der ganzen Woche, und schließlich war Vater ja auch nicht im Geschäft gewesen.

Aber Leonieke war mitgekommen, Gerrys Liebling! Sie hatte so brav in ihrem Ställchen gespielt. Das hatten sie morgens im Wagen mitgebracht, zusammen mit ihrem Spielzeug. Jedesmal, wenn jemand zu ihr kam, hatte sie gekräht und sich an den Stangen hochgezogen. Und niemand hatte es dann übers Herz gebracht, sie nicht herauszunehmen. Karien war zwar damit nicht einverstanden gewesen, weil das Kind dadurch viel zu sehr verwöhnt werde, aber daran hatte sich niemand gestört. Sie war aber auch eine so goldige kleine Person, die Kleine! Gerry wurde sich bewußt, daß sie sie in Utrecht vermißte.

Um sieben Uhr waren sie dann mit der ganzen Familie ins „Empire" gegangen, ein bekanntes Restaurant in der Innenstadt. Vater wollte nicht, daß Mutter an diesem Tag auch noch Arbeit mit dem Essen hatte. Leonieke war zu Bett gebracht worden und unter der Obhut eines „Babysitters" zu Hause geblieben.

So hatten sie einen reizenden Abend genossen. Theo hatte Gerry immer wieder verulkt. Sie waren aus dem Lachen nicht herausgekommen, und sie merkten, daß Vater es richtig genoß, seine Frau und seine Kinder an diesem Geburtstag um sich zu haben. Auch Gerry hatte es herrlich gefunden, wirklich alles. Sie hatte eins der hübschen Cocktailkleider angezogen, die sie für festliche Gelegenheiten bei der „Veritas" bekommen hatte. Es stand ihr ausgezeichnet. Auch ihr Haar saß so hübsch. Und dann die gemütliche, warme Atmosphäre und das ausgezeichnete Essen! Kurz nach zehn waren sie heimgegangen.

Mutter hatte Kaffee gekocht, und Vater hatte seinen Projektionsapparat hervorgeholt und zeigte einen Stapel Dias, die er im Sommer belichtet und inzwischen eingerahmt hatte. Sie waren gut gelungen. Von jedem war etwas dabei: Ferienaufnahmen von Vater und Mutter, hübsche Ausblicke auf den Garten und eine ganze Serie von seiner Enkelin. Davon waren sie natürlich alle hingerissen. Es wurde spät, bis Theo und Karien sich entschlossen, mit Leonieke nach Hause zu fahren. Das Gepäck, vor allem das von Leonieke (Himmel, was hatte so ein kleines Ding alles nötig!), wurde mit vereinten Kräften ins Auto geladen. Alle zusammen brachten die drei dann hinaus.

Am Morgen waren sie spät aufgestanden und ins Hochamt gegangen. Die Zwillinge waren schlechter Laune gewesen, so daß Vater nur zu gern zugestimmt hatte, als sie ins Kino wollten.

Und jetzt war es herrlich ruhig — und ein bißchen langweilig.

Schade, daß sie so bald wieder fort mußte. Aber sie wollte die Vorlesung morgen früh auf keinen Fall versäumen. Sie war sehr wichtig, und de Groot beachtete bei seinen Vorprüfungen, ob die Studenten auch regelmäßig gekommen waren. Ältere Studenten hatten Gerry schon darauf hingewiesen. Seltsam, die ganze Woche über hatte sie gar nicht so viel davon gehalten, nach Hause zu fahren, und jetzt wäre sie gern hiergeblieben. Der Sonntagabend war schon immer zu Hause so nett gewesen. Die Hausarbeit war getan, und das gab einem eine zufriedene Stimmung. Nun ja, die Pflicht ging eben immer vor. Was man tut, soll man richtig tun. Außerdem hatte sie Rinie versprochen, frühzeitig zurück zu sein. Da durfte sie sie doch nicht warten lassen.

Die Zeitschrift lag in ihrem Schoß. Gerry legte den Kopf an die Lehne. Herrlich saß sie so. Und ganz von selbst nickte sie ein wenig ein. Es war ja auch so still im Haus ...

Während sie schlief, hatte sie einen eigenartigen Traum. Sie saß in irgend etwas, das sich vorwärts bewegte. Vielleicht in einem Zug. Es fuhr erst langsam, hin und wieder jedoch schneller. Und während es zunächst noch hell zu sein schien, wurde es mit der Zeit immer dunkler. Die Fahrt dauerte fort, und Gerry wußte nicht, wohin. Sie klammerte sich an irgend etwas, aber es gab nach ... Sie wollte schreien, aber ihr Mund brachte keinen Ton heraus ... Und dann plötzlich glitt sie weg — ins Unbekannte, in einen Abgrund ...

Da schreckte sie hoch. Ihr Herz klopfte, als wollte es zerspringen. All ihre Muskeln waren aufs äußerste gespannt. Sie umklammerte mit den Händen die Armlehnen des Sessels.

Sie brauchte einen Augenblick, um zu begreifen, daß überhaupt nichts geschehen war, daß sie noch immer im Sessel saß mit der Zeitschrift auf den Knien. Und daß es noch immer rings um sie hellichter Tag war. Ihr wurde klar, daß sie geträumt haben mußte. Eigenartig, daß man am hellichten Tag einen Alptraum haben konnte! Denn

das war es gewesen: ein Alptraum. Sie strich sich über die Stirn, um die seltsamen Gedanken zu verscheuchen, und jetzt merkte sie auch, daß ihre Muskeln sich langsam wieder entspannten. Sie stand auf. Sie würde Tee aufsetzen. Es war halb vier. Mutter würde wohl bald herunterkommen.

Sie war froh, daß sie so ungestört im Haus herumlaufen konnte. Ohne daß sie es wollte, blieb der Traum doch in ihrem Gedächtnis haften. Sie konnte ihn nicht einfach so eins, zwei, drei beiseite schieben. Das ergeht einem so mit Träumen. Es ist, als dauere es eine Weile, bis man, aus der Welt des Traumes kommend, in der Welt der Wirklichkeit wieder Fuß gefaßt hat.

In der Küche setzte Gerry Teewasser auf. Dann suchte sie im Zimmer nach einer Schale für die Kekse. Sie hatte gerade ein paar der leckeren Süßigkeiten, die von gestern übriggeblieben waren, in einer kleinen Silberschale arrangiert, als der Flötkessel sie in die Küche rief. Im gleichen Augenblick kam auch Mutter die Treppe herunter. Sie sah wieder frisch und ausgeruht aus.

„Hast du den Tee schon aufgegossen?" fragte sie erfreut. „Fein, ich habe Durst."

„Ja, Nachdurst", lächelte Gerry. Schnell goß sie noch etwas Wasser nach und nahm die Teekanne dann mit ins Zimmer, wo sie sie auf die Wärmplatte setzte. Vater war inzwischen auch hereingekommen.

„Solche Feste sind doch nichts", meinte er. „Man kommt vollständig aus dem Tritt. Ich zum Beispiel hab' überhaupt noch nichts von der Zeitung gesehen."

„Das kannst du ja noch nachholen", meinte Gerry. Sie stellte die Tassen hin und tat Zucker hinein.

„Es war nett gestern", sagte Mutter zufrieden. „Ich

finde es immer so schön, wenn wir alle zusammen sind. Karien hat augenblicklich auch so viel zu tun. Sie ist nicht ganz in Ordnung. Ich hab' da so einen Gedanken... Sie hat mir zwar noch nichts gesagt, weißt du, aber sie sieht so müde aus, find' ich..."

„He, was soll das heißen?" fragte Vater. „Frauen können oft in Rätseln sprechen. Ich finde keinen Sinn darin."

„Ein guter Verstand braucht nur ein halbes Wort", lächelte Mutter hintergründig.

„Meinst du, daß Karien — vielleicht wieder in Erwartung ist?" fragte Gerry.

„Es würde mich nicht weiter verwundern", sagte Mutter.

Gerry begann schweigend den Tee einzugießen. Sie schalt sich dumm, daß sie nicht selbst auf den Gedanken gekommen war.

Natürlich war es so. Kariens schmales, blasses Gesicht! Und der scheue Blick zu Theo hin! Gerry hatte sich beinahe geschämt, ihn zufällig bemerkt zu haben, und schnell vor sich hin gesehen... Und jetzt begriff sie auch plötzlich die Besorgnis ihrer Mutter um ihre Schwester. Karien sollte ruhig sitzen bleiben gestern und brauchte nicht mitzuhelfen. Das war ganz natürlich. Lieb von Mutter, darauf zu achten! Unbemerkt, aber doch fürsorglich. Mutter war ein Schatz.

Gerry setzte die Tasse vor sie hin und hatte einen Augenblick lang das Verlangen, über Mutters Wange zu streicheln. Vater saß nach Mutters Worten etwas verblüfft und hilflos da. Wie sehr hing sie doch an diesen beiden!

Auch darüber mußte sie jetzt nachdenken. Was war nur mit ihr? Sie war doch sonst nicht so sentimental gewesen. Kam es wohl daher, daß sie hier zu Hause war? Sah sie darum die Dinge so anders?

„Es würde so nett sein", sagte sie endlich, als sie sich mit ihrer Teetasse auf einen Stuhl gesetzt hatte. „Überlegt mal: jetzt haben wir November. Also im Sommer vielleicht. Dann ist Leonieke beinahe zwei. Was würde die süße Kleine wohl dazu sagen?"

„Nun, so weit ist es ja noch nicht", bremste Mutter sie lächelnd.

„Ob es wirklich so ist?" fragte Vater, als glaube er, daß auch er sich irgendwie dazu äußern müßte. „Junge, Junge, schon zwei Enkelkinder — wir werden alt, Mutter!"

Das sagte er mit leisem Spott. Es klang, als sage er ein Sprichwort auf. Vielleicht wollte er gern Widerspruch hören. Aber Gerry hatte das Gefühl, daß eine Stellungnahme hier nicht recht am Platze sei, darum sagte sie lachend:

„Tja, Väterchen, so geht's nun mal!"

„Bitte ein bißchen mehr Ehrerbietung vor deinem alten Vater!" lachte dieser. Jetzt herrschte genau die Stimmung, die er gern hatte, ein kleines Scharmützel mit seiner jüngsten Tochter.

„Nun ja, wenn du es provozierst!" verteidigte sie sich. Sie setzte ihre leergetrunkene Tasse auf den Tisch und lehnte sich in ihrem Sessel zurück. „Hach, wie gemütlich das doch ist!" seufzte sie. „Ich hab' gar keine Lust, gleich wieder wegzufahren."

„Dann bleib doch hier", sagte der Vater sofort. „So eilig hast du es doch nicht."

„Ich muß schon", meinte Gerry. „Montag morgen ist eine wichtige Vorlesung, die ich nicht versäumen möchte."

„Na ja", sagte Vater. Er fand es nicht so wichtig, daß sie ernsthaft studierte. Wenn sie nur zufrieden dabei war. Darum hatte er auch nie etwas dagegen gehabt.

„Ich finde auch, daß Gerry fahren sollte", half Mutter etwas nach. „Wenn sie erst einmal anfängt zu bummeln, kommt sie aus dem Tritt."

„Eben", sagte Gerry. „Außerdem hab' ich Rinie versprochen, heute abend zurückzukommen. Sie wird sich langweilen ohne mich und bleibt vielleicht meinetwegen zu Hause."

„Tja, dann wird wohl nichts zu ändern sein." Vater nickte ergeben.

„Ich bliebe ja gern hier, weißt du", sagte Gerry, die es Vater gegenüber nicht sehr nett fand, daß sie jetzt um jeden Preis wieder weg wollte.

„Mir gefällt es nicht, daß du mit dem Zug fährst", sagte Vater. „Der ist an Sonntagabenden proppevoll, noch dazu bei diesem ekligen, nassen Wetter. Weißt du was? Ich bringe dich nachher einfach mit dem Wagen hin!"

„Oh, das wäre fein!" rief Gerry. „Aber ist dir der Abend dafür nicht zu schade?"

„Ach was, ich bin doch in einer guten Stunde zurück", lachte Vater. „Das macht mir nicht das geringste, und du brauchst nicht mit dem ungemütlichen Zug zu fahren."

„Na, dann ist's ja gut", sagte Gerry.

„Also abgemacht, ich fahre dich", schloß Vater. Dann vertiefte er sich endlich in seine so lange vernachlässigte Zeitung. Mutter schenkte die zweite Tasse Tee ein.

Gerry sah vor sich hin. Fein, daß sie heute abend nicht mit dem Zug zu fahren brauchte! Sie war die Erinnerung an den Alptraum noch nicht losgeworden. In der Enge des Eisenbahnabteils, nur mit Fremden ringsherum, würde sie sich bestimmt elend und niedergeschlagen fühlen. So aber konnte sie gemütlich warm in Vaters bequemem Wagen sitzen und mit ihm plaudern.

„Du, willst du noch Tee?" hörte sie plötzlich Mutter fragen. Erschrocken blickte sie in ihr lachendes Gesicht. „Sag mal, wo warst du bloß mit deinen Gedanken?"

Gerry sah ihre Mutter verlegen an. „Ja, bitte noch etwas Tee", sagte sie leicht verwirrt.

„Sag mal", fragte Mutter forschend, „du willst doch heute abend nur deiner Vorlesung wegen nach Utrecht zurück. Oder ist da jemand, der auf dich wartet?"

„Auf mich ... O nein", lachte Gerry. „Nein, da wüßte ich wirklich nicht, wer." Unangenehm war nur, daß sie dabei rot wurde. Und als sie das merkte, begann sie erst recht, wie in Feuer getaucht auszusehen. Wie dumm! Jetzt meinte Mutter natürlich, da sei irgend etwas. Sie konnte es nicht ändern. Warum saß sie auch nachmittags so geistesabwesend herum? Es war in den letzten Tagen überhaupt eigenartig.

Mutter hatte sehr wohl bemerkt, daß Gerry die Farbe wechselte, aber sie ging nicht darauf ein, um sie nicht noch verlegener zu machen. Sie setzte die zweite Tasse Tee vor sie hin und bot ihr dann eine Praline an.

„Herrlich", sagte Gerry, etwas zu begeistert. „Wie gut habe ich es doch!" Sie aß mit Genuß.

„Was mich betrifft, so lasse ich besser die Finger davon", meinte Mutter. „Ich hab' zeitlebens auf meine Linie achten müssen."

„Zu deinen Lebzeiten", hänselte Gerry sie, „und deine Linie!" Sie war froh, ein unverfängliches Thema gefunden zu haben.

„Du machst mir Spaß", lachte Mutter, war aber doch sichtlich etwas geschmeichelt. Gerry merkte, daß sie auch ein bißchen gerührt war. Sie hatte beinahe etwas Mädchenhaftes an sich. Aufs neue wurde Gerry klar, daß sie in diesen Tagen begonnen hatte, ihre Mutter mit völlig anderen Augen zu betrachten. Sie liebte sie mehr denn je. Sie fühlte sich in einer Weise glücklich, die sie bisher noch niemals empfunden hatte. Sie genoß dieses ruhige, ungezwungene Zusammensein. Es hätte ihretwegen noch Stunden dauern können. Aber es dauerte keine Stunden mehr. Es wurde gleich darauf anders, da zum Haushalt noch zwei vierzehnjährige Jungen gehörten, die in dieses ruhige Zusammensein hineinplatzten, so richtig aus dem Wilden Westen kommend.

„Ein prima Film!" rief Fons begeistert. „Wie die Burschen reiten können! Genau wie im Zirkus."

„Dummkopf!" unterbrach Vincent ihn. „Zirkus! Daß ich nicht lache! Zirkus ist doch bloß nachgemacht!"

„Ja, und das hier war natürlich echt. Das wollen wir doch eben feststellen", bemerkte Vater spottend.

„Ich wünschte, ich hätte schon früher gelebt!" fuhr Fons unbeirrt fort. „Ich hätte es ihnen schon gezeigt. Schade, daß es heute nicht mehr so ist."

„Was würdest du denn dann machen?" fragte Gerry. „Gingest du auch nach Amerika?"

„Ach, was ist denn da jetzt noch groß zu erleben?" fragte Vincent geringschätzig. „Heutzutage ist doch alles so langweilig. Zur Schule und schlafen und wieder zur Schule. Ja, so ist es, das mußt du doch zugeben!" bekräftigte er, als er Gerrys belustigtes Gesicht sah. „Damals hätte ich leben mögen. Da mußten Räuber verjagt werden. Und man mußte mit Bären und Wölfen kämpfen — mit so einem Kerl von Bär!" Vincent schwenkte seine langen Arme und stieß dabei eine Blumenvase um. Die Vase blieb zwar auf dem Tischchen liegen, aber das Wasser lief über die Kante auf den Fußboden.

„Oh!" erschrak er.

Mutter stellte die Vase wieder hin und murmelte: „Mit den beiden hier hat man jeden Tag Wildwest!" Gerry ging mit der Vase hinaus und füllte sie neu. Als sie zurückkam, stand Vincent noch immer verdattert da und sah seiner Mutter zu, die sich mit Eimer und Aufnehmer zu schaffen machte.

„Tja, so was kommt schon mal vor", lachte sie über seine Verlegenheit.

„Im Film ging's noch wüster zu", grinste Fons, froh, daß diesmal nicht er der Schuldige war. „Der eine Kerl sprang zu Pferde über einen Tisch. Aber dann stand er nicht mehr auf."

„Scheint ja eine reizende Gesellschaft gewesen zu sein", brummte Vater, der solche häuslichen Zwischenfälle nicht leiden konnte und dann immer etwas ungehalten wurde.

„Möchtet ihr Tee?" fragte Gerry.

„Ja, gerne!" rief Fons. „Ich hab' schrecklichen Durst! Und Hunger auch! Kriegen wir gleich etwas zu essen, Mutter?"

„Ja, wir werden heute sowieso etwas früher essen", sagte Mutter, die aus ihrer gebückten Haltung hochkam. Alles war wieder trocken. „Gerry muß nachher gleich weg."

„Mit welchem Zug?" fragte Vincent.

„Ich fahre nicht mit dem Zug", sagte Gerry. „Vater bringt mich mit dem Wagen weg."

„Oh, dürfen wir dann mit?" fragten beide gleichzeitig. Gerry mußte lachen. Das hatte sie sich schon gedacht.

„Nun", sagte Vater, „es ist gestern schon so spät geworden. Ihr müßt heute früher schlafen gehen. Morgen geht es wieder zur Schule."

„Ach, Vater, es braucht doch nicht so spät zu werden!" sagte Fons. „Wir gehen sonst doch auch nicht gleich nach dem Essen zu Bett." Aber als er den Blick des Vaters sah, verstummte er. Vater liebte es nicht, wenn die Jungen quengelten.

„Was sagt Mutter denn dazu?" fragte Vater.

„Nun ja, ich finde, wenn wir sofort nach dem Abendessen fahren, sind wir bequem bis halb neun zurück. Und wenn sie versprechen, daß sie dann sofort ohne Aufforderung nach oben verschwinden ... Es ist vielleicht auch für Gerry unterhaltsamer und ein netter Abschluß der Geburtstagsfeier."

„Mam, fährst du dann auch mit?" fragte Gerry lebhaft. „Dann würde ich von der ganzen Familie zurückgebracht."

„Na also!" lachte Vater. „Dann brauchen wir ja auch nicht in schöner Einmütigkeit sitzen zu bleiben."

Mutter lächelte, und die Jungen wußten, daß sie diesmal gewonnen hatten.

Gerry freute sich. Jetzt fiel es ihr nicht mehr so schwer, fortzugehen. „Ich packe schnell meine Tasche!" rief sie von der Tür aus.

„Ja, und ich decke schnell den Tisch", sagte Mutter. „Denn wir müssen jetzt gleich essen. Es sollte besser nicht so spät werden. Sonst sitzen die Jungen morgen in der Schule und schlafen, und wir kriegen wieder blaue Briefe."

„Habt ihr auch eure Hausaufgaben gemacht?" fragte Vater plötzlich wieder streng.

„Wir hatten keine Hausaufgaben, weil du Geburtstag hattest", sagte Fons, und Vincent fügte naseweis hinzu: „Anständiger Kerl, der Pauker!"

„So, jetzt helft ihr beiden mir schnell", sagte Mutter. „Vorwärts, Welpen! Setzt die Teller auf den Tisch!"

„Welpen!" sagte Vincent verächtlich. Fons grinste nur. Es dauerte keine zehn Minuten, bis sie alle am Tisch saßen. Es wurde noch eine vergnügte Mahlzeit. Die Jungen waren wie immer sehr lebhaft. Gerry mußte daran denken, daß sie morgen nicht mehr hier sein würde. Sie fühlte bei dem Gedanken, daß sie nicht mehr so ganz und gar dazugehörte, einen leichten Stich. Sie empfand es viel stärker als damals, als sie zum erstenmal nach Utrecht ging. Aber zugleich mußte sie daran denken, wie nett es sein würde, wieder mit Rinie zusammen zu sein. Der Mensch ist doch ein seltsames Wesen, dachte sie altklug. Er will das eine und gleichzeitig auch das andere. Er kann niemals vollkommen zufrieden sein mit dem, was er hat. Gedankenvoll strich sie sich ein Butterbrot.

„Sag mal, hörst du mich gar nicht?" rief Vincent sie rauh aus ihren Gedanken.

„Wie — was?" fuhr sie auf.

„Ich hab' dich gefragt, ob ich deine Schlittschuhe nehmen darf, wenn es Eis friert."

„Tja, das weiß ich noch nicht", sagte Gerry. „Ich denke, daß ich in Utrecht auch Schlittschuh laufen werde."

„Ach, es fängt doch noch nicht an zu frieren", schnitt Fons die Unterhaltung ab. „Vielleicht erst im Dezember."

„Das kann man nicht wissen", meinte Vincent.

„Seid ihr fertig?" fragte Vater mit einem Blick auf die Uhr. Die Jungen aßen wieder einmal so viel und so lange.

„Ja, Vater, das hier ist das letzte", sagte Fons mit vollem Mund.

Nach dem Essen räumten Mutter und Gerry noch schnell den Tisch ab. Dann zog Mutter ihren Mantel an, und Gerry lief noch eben ins Wohnzimmer wegen ihrer Tasche, die sie neben das Klavier gestellt hatte. An der Tür sah sie noch einmal in das leere Zimmer zurück, und genau in diesem Augenblick beschlich sie wieder dieses fremde Unbehagen. Es war, als stünde sie in vollständiger Einsamkeit. In einer Wüste. Sie erschauerte etwas und konnte sich nicht entschließen, zu gehen. Auf der Schwelle zögerte sie wieder.

„Kommst du, Gerry?" rief Mutter von der Haustür her. Der gewohnte, alltägliche Ton rief sie in die Wirklichkeit zurück. Sie knipste das Licht aus und zog die Tür hinter sich zu.

„Setze dich hinten zu den Jungen", sagte Mutter, „dann setze ich mich neben Vater."

Gerry ließ sich zwischen die beiden Jungen fallen.

„Paß doch auf, du stellst mir deine Tasche auf die Zehen!" protestierte Vincent.

„Entschuldige!" lachte Gerry und zog die Tasche zu ihren eigenen Füßen herüber. In dem geräumigen Wagen war Platz genug. Dann lehnte sie sich behaglich gegen die Polster. Die Jungen saßen aufrecht. Sie hatten viel zuviel zu sehen, um sich gemütlich anzulehnen. Sie schwatzten wie immer daher, und Gerry hörte ihnen lächelnd zu. Sie fand es sehr vergnüglich und unterhaltend.

„Mußt du jetzt nicht den Starterknopf ziehen, Vater?" fragte Fons in einem Ton, als wisse er alles genau.

„Was weißt du denn vom Starterknopf?" fragte Vater spottend.

„Pfff, so was weiß ich doch!" sagte Fons verächtlich. „Leo darf manchmal mit dem Wagen seines Vaters fahren — natürlich nur, wenn sein Vater neben ihm sitzt", fügte er hastig hinzu. Leo war sein gerade vierzehnjähriger Freund. „Ich bin kürzlich auch mitgefahren. Es war herrlich."

„Sag mal, du spekulierst doch wohl nicht darauf, daß ich dir das auch erlaube?" fragte Vater hintergründig.

„Na ja", antwortete Fons in einem Ton, als fände er das gar nicht so verrückt.

„Sobald ich achtzehn bin, mache ich sofort meinen Führerschein", sagte Vincent. „Fahren lernen ist ja 'ne Kleinigkeit."

„Nun ja, und wer bezahlt die Fahrstunden?" fragte Vater hintergründig.

„Ich brauche keine Stunden", fand Vincent. „Ich kann's doch von dir lernen."

„In meinem Wagen wahrscheinlich auch noch", brummte Vater. „Davor werde ich mich hüten."

Sie fuhren zur Stadt hinaus und näherten sich der Maas.

Über dem Wasser war es milchig weiß. Die Laternen schienen nur schwach hindurch.

„Hier wird es doch ziemlich neblig", meinte Mutter besorgt.

„Na ja, und wenn schon!" sagte Fons.

„Die Straße wird auch rutschig", sagte Vater. Er verminderte die Geschwindigkeit.

„Aber das wird wohl nur hier in der Nähe des Wassers sein", sagte Mutter. „In der Stadt war nichts von dem Nebel zu merken."

Schweigend fuhren sie weiter. Der Vater orientierte sich aufmerksam an der weißen Mittellinie. Und wirklich kamen sie kurz darauf wieder aus dem Nebel heraus, und die Sicht wurde besser.

„Gott sei Dank!" sagte Mutter und setzte sich etwas entspannter hin.

„Der Nebel ist gar nicht so schlimm!" meinte Vincent großspurig. „Man braucht nur auf den weißen Strich zu achten."

„O ja, du weißt natürlich genau Bescheid", lachte Vater. „Ich bin nur froh, daß ich am Steuer bin und nicht du."

„Er auch, Vater", lachte Gerry. Aber dann hielt sie den Mund, denn plötzlich fuhren sie wieder durch einen spukartigen Schleier, der tief über der Straße hing. Sie hielt den Atem an, denn sie sah, daß ihr Vater wieder langsamer und angestrengt spähend weiterfuhr. Sie fand den Nebel eigentlich ganz hübsch, aber das hätte sie um keinen Preis zugegeben.

„Sicher ist hier Wasser in der Nähe", sagte Vater. „Das Land liegt zwischen den Flüssen auch sehr niedrig." Mutter sagte nichts. Selbst die Jungen verhielten sich still. Aber so plötzlich, wie sie in den Nebelschwaden getaucht waren, so plötzlich gelangten sie auch wieder hinaus. Alle fünf atmeten erleichtert auf.

Eine sehr angenehme Fahrt war es eigentlich nicht, mußte Gerry im stillen denken. Sie wäre doch besser mit dem Zug gefahren. Aber sie sagte nichts. Es nützte ja doch nichts mehr.

Gleich nach Geldermarsen wurde es wieder schlimm. Auf der Brücke merkten sie es bereits, aber da waren noch die großen Lampen, die den Nebel durchdrangen. Dort war es nicht gefährlich. Doch als sie von der Brücke hinunterfuhren, schien sich vor ihnen eine Mauer zu befinden, eine weiße, undurchdringliche Mauer.

„Hier ist's ja wirklich schlimm", meinte selbst Fons. Die anderen schwiegen. Sie versuchten alle, das blendende

Weiß mit den Blicken zu durchdringen. Gerry lehnte sich nicht mehr nach hinten, sondern klammerte sich an die Griffe ihrer Tasche. Und dann kam ihr blitzartig die Erinnerung an den Traum in der Mittagsstunde, an das Dunkel, in das sie unaufhaltsam fuhr. Eine furchtbare Angst legte sich wie ein Würgegriff um ihre Kehle.

Niemand sprach ein Wort, aber jeder kannte die Gedanken des anderen. Vater umklammerte das Steuer. Er spähte über das Lenkrad vorgeneigt angestrengt hinaus in die Dunkelheit...

Und dann geschah es.

Gerry, die die Augen geschlossen hatte, um nichts sehen zu brauchen, hörte ihren Vater rufen:

„Du lieber Himmel, da steht einer mitten..." Sie riß die Augen auf und merkte zugleich, daß Vater kräftig bremste — so plötzlich, daß sie alle vier nach vorn flogen. Aber die Räder faßten offenbar nicht recht, sie rutschten auf dem nebelnassen Asphalt. Gerry fühlte, daß der Wagen zu schleudern begann... Dann sah sie Scheinwerfer auf sie zukommen, und vor Entsetzen schlug sie die Hände vors Gesicht.

„Vater!" schrie Vincent.

Gleich darauf knallte es dröhnend, Glasscherben klirrten — dann war Totenstille. Gerry fühlte einen stechenden Schmerz in ihrem linken Arm, aber das drang kaum bis in ihr Bewußtsein. Sie fühlte auch, daß Vincent von rechts gegen sie fiel. Und dann strich ein kalter Luftzug über ihre heißen Wangen.

„Ich friere", klagte sie, aber es kam keine Antwort...

Schock

Wie gelähmt saß Gerry auf ihrem Sitz. Sie wußte genau, was geschehen war, aber es drang nicht tief genug in sie ein. Unbewußt umschlang sie mit ihrem rechten Arm Vincent, der schlaff gegen sie gelehnt lag. Da fühlte sie, daß etwas Klebriges von seiner Schläfe tropfte — Blut!

Gleichzeitig erkannte sie, daß das Vorderteil des Wagens fast vollständig zerstört war. Die Tür neben dem Beifahrersitz war aufgesprungen, und die Mutter war nicht mehr auf ihrem Platz. Gerry wußte zwar, was das bedeutete, aber sie vermochte nichts zu fragen, ja nicht einmal zu denken. Vater saß bewegungslos über das Lenkrad gebeugt. Sie durfte kaum zu ihm hinsehen. Und an ihrer anderen Seite saß Fons, steif aufgerichtet, genau wie sie. Sie konnte seine Augen nicht erkennen, aber auch so wußte sie, daß sie weit aufgerissen waren und daß er starr und entsetzt vor sich hin sah. Sie hörte ihn murmeln:

„Großer Gott — wie schrecklich!"

All dies nahm Gerry fast gleichzeitig wahr. Und sie wurde sich überdeutlich der dumpfen, schweren Nässe bewußt, die durch die aufgerissene Tür nach innen drang. Es war Gerry, als ob sie es gar nicht wirklich erlebte. Dazu war sie auch gar nicht imstande.

Kurz darauf sah sie Scheinwerferlicht näher kommen, verworrene Stimmen ertönten. Zwei Männer kamen auf ihren Wagen zugelaufen. Der eine davon wandte sich um und rief:

„Du lieber Himmel! Wir müssen sofort etwas unternehmen! Gis, wenn wir hier so stehenbleiben, geschieht ein noch größeres Unglück. Nimm die Laterne hinten aus dem Wagen und lauf ein Stück zurück. Du mußt den Verkehr stoppen. Mach dich um Himmels willen bemerkbar!" Der andere verschwand im Nebel.

„Wir haben hier doch keinen Gegenverkehr?" rief er noch.

„Nein, glücklicherweise nicht", sagte der erste, der zum Unfallort kam. Er versuchte die Tür neben dem Fahrersitz zu öffnen, aber sie war verklemmt, und er bekam sie nicht auf. Dann ging er zur anderen Seite hinüber, und Gerry hörte ihn murmeln:

„War das ein Stoß! Allmächtiger, wie sieht der Wagen aus!" Mit einem Aufschrei blieb er stehen und bückte sich. Obgleich Gerry nicht sah, worüber er so erschrocken war, wußte sie doch sofort, daß er ihre Mutter gefunden hatte. Sie blieb ohne einen Laut sitzen. Sie sah, daß er sich wieder aufrichtete und einen Augenblick reglos stehen blieb. Dann strich er sich mit der Hand über die Augen. Gerry wußte genau, was das zu bedeuten hatte, aber es berührte sie gar nicht. Es schien, als könne sie gar nichts mehr berühren, als ließe sie alles völlig gleichgültig. Und selbst darüber war sie nicht erstaunt.

Der Mann erwachte aus seiner Erstarrung. Er schob sich gebückt durch die offene Tür und berührte Vater mit der Hand. Zögernd zog er die Hand wieder zurück.

„Die haben andere Hilfe als meine nötig", sagte er tonlos. Dann blickte er in den Fond des Wagens.

„Ist hier niemand bei Besinnung?" fragte er. Seine Stimme klang verzweifelt, so, als flehe er die Insassen an, bei Besinnung zu sein. Auch diese Ratlosigkeit ob seines einsamen Standes dem Tode gegenüber fühlte Gerry ganz genau, aber sie brachte nicht ein einziges Wort über die Lippen. Da tönte es plötzlich neben ihr:

„Ja, ich bin bei Besinnung, aber ich kann mich nicht bewegen — oh — mein Bein..." Die Worte gingen unter in leisem Stöhnen. Es war Fons, der trotz heftiger Schmerzen die Sinne offenbar noch besser zusammen hatte als Gerry.

„Warte, ich helfe dir", sagte der Mann, plötzlich ganz geschäftig, da jetzt endlich jemand da war, dem er helfen konnte. Er lief um den Wagen herum und öffnete die Tür neben Fons. Mit einiger Mühe glückte das. „Was ist mit deinem Bein?" fragte er, sich bückend. „Gebrochen?"

„Ich weiß nicht", stöhnte Fons. „Ich kann es überhaupt nicht bewegen."

„Ja, dann wird es wohl gebrochen sein", meinte der Mann stirnrunzelnd. „Warte, du kannst so nicht sitzen bleiben." Er zog hastig seine Jacke aus und breitete sie am Straßenrand aus. Dann kam er zurück, und vorsichtig, als sei Fons aus Porzellan, trug er den Jungen aus dem Wagen. Aber so vorsichtig er auch sein mochte, schrie Fons doch unterdrückt auf. Der Mann legte den Jungen auf seine Jacke, und zwar so, daß das verletzte Bein möglichst wenig schmerzte. Aber Fons warf noch immer unruhig den Kopf hin und her. Gerry nahm dies alles sehr wohl wahr, regte sich aber nicht. Der Mann blieb noch bei Fons stehen, aber als er sah, daß er doch weiter nicht helfen konnte, kam er wieder zum Wagen zurück. Verwundert sah er Gerry in die Augen.

„Bist du — äh — sind Sie auch verletzt?" fragte er zögernd. Und als sie keine Antwort gab, fügte er erschrocken hinzu, als er Vincent mit dem Kopf in ihrem Schoß liegen sah: „Was ist mit Ihnen? Und mit dem anderen Jungen?"

Da sie noch immer nicht sprach, sondern ihn nur anstarrte, wandte er sich hilflos ab. Offenbar wußte der

Mann nicht, was er tun sollte. Aber glücklicherweise blieb er nicht mehr lange allein. Aus dem Dunkel näherten sich zwei Scheinwerfer, der Wagen fuhr vorsichtig auf den Parkstreifen und hielt dort an. Aus dem Wagen heraus sprang schnell und gewandt ein noch ziemlich junger Mann. Er nahm eine Tasche aus dem Fond des Wagens und eilte im Laufschritt zur Unfallstelle.

„Gott sei Dank — ein Arzt!" seufzte der Fahrer des Lastwagens, der mit dem Personenwagen zusammengeprallt war.

„Sind sie schwer verletzt?" fragte der Arzt, als er zu dem Wagen trat. „Ja, anscheinend doch", beantwortete er die Frage gleich selbst. „Was für ein Zusammenstoß!" Er ging auf den Vater zu, hob vorsichtig dessen Kopf hoch und fühlte den Puls. „Er lebt noch", seufzte er erleichtert, „hat aber wahrscheinlich ernste innere Verletzungen." Er gab dem Fahrer einen Wink, ihm zu helfen, und gemeinsam legten sie den Verletzten flach auf den Vordersitz.

„Hat schon jemand den Krankenwagen gerufen?" fragte der Arzt.

„Wir waren ja nur zu zweit", erwiderte der Mann. „Gis mußte doch den Verkehr stoppen."

„Ja, natürlich", sagte der Doktor. „Laufen Sie bitte dorthin!" Er wies den Weg entlang, den er gerade gekommen war. „Dort ist eine Telefonzelle, etwa hundert Meter zurück. Rufen Sie den Krankenwagen und die Polizei!"

„In Ordnung, Doktor", sagte der Mann und rannte los.

Der Arzt beugte sich jetzt über die Mutter, die noch immer neben dem Wagen auf der Erde lag. „Zu spät", hörte Gerry den Arzt murmeln. „Gott sei ihrer Seele gnädig."

Sie verspürte einen stechenden Schmerz im Kopf, jetzt, da er aussprach, was sie doch schon die ganze Zeit über gewußt hatte. Dann kam er wieder zu ihr. Er betrachtete die Wunde an Vincents Kopf und fühlte auch ihm den Puls. Dann sah er auf seine Uhr und blickte die Straße entlang. Offensichtlich wartete er ungeduldig auf den Krankenwagen.

Jetzt sah der Arzt Gerry an. Er blickte etwas verwundert, denn er bemerkte erst jetzt, daß sie bei Bewußtsein war.

„Sind Sie auch verletzt?" fragte er, und da sie ihn nur geistesabwesend und hilflos ansah, fragte er in freundlicherem Ton weiter: „Ist das Ihr Bruder?" Er sah, wie fürsorglich sie den Arm um Vincent gelegt hatte. Jetzt endlich nickte sie langsam, während sie nicht begreifend auf Vincent herabsah. War es wirklich Vincent, den sie da hielt? War es ihr Bruder, der da mit geschlossenen Augen und blutbefleckt an ihr lehnte? Es war, als begriffe sie das furchtbare Geschehen erst jetzt. Der Arzt sah ihren geistesabwesenden Blick, und er fuhr behutsam und freundlich fort: „Mit ihm wird es schon wieder werden. Sie brauchen sich nicht um ihn zu sorgen. Könnten Sie mir wohl helfen, ihn flach hinzulegen? Hier auf die Sitzbank."

Sie versuchte zu tun, was er von ihr verlangte. Sie hob die linke Hand, die wie ein müder Vogel in ihrem Schoß lag, ließ sie aber mit einem Schmerzensschrei sofort wieder fallen. Der Doktor griff danach, und mit geübtem, festem und doch behutsamem Griff tastete er ihr Handgelenk ab.

„Hm, wahrscheinlich gebrochen", stellte er fest. „Lassen Sie nur, Fräulein. Dann muß Ihr Bruder erst einmal so liegen bleiben. Der Krankenwagen wird gleich kommen. Waren Sie zu viert?" fragte er dann mit einem Blick auf den leeren Platz neben der geöffneten Tür.

„Nein, Fons — der liegt dort", brachte Gerry mit Mühe heraus. Sie nickte zum Straßenrand hin.

„Ist er herausgeschleudert worden?" Der Arzt lief schnell um den Wagen herum. Er kniete neben Fons auf dem Grasboden nieder, sah dann aber gleich, daß dies nicht geschehen war und daß Fons zwar ernsthaft, aber nicht lebensgefährlich verletzt war.

„Ja, das Bein ist sicher gebrochen", murmelte er ernst, „wahrscheinlich sogar mehrfach." Mit sicherer Hand drehte er das verletzte Bein so, daß der Junge so wenig Schmerzen wie möglich hatte. Fons wurde sofort ruhiger und konnte selbst gelassen auf ein paar Fragen des Arztes antworten.

„Ist euer Wagen ins Schleudern geraten?"

„Ja, Vater mußte plötzlich bremsen vor irgend etwas, das er im Nebel vor sich auf der Fahrbahn zu sehen glaubte", sagte Fons.

„Er muß sehr scharf gebremst haben, denn ihr steht genau umgekehrt auf der Straße", meinte der Arzt. „Erinnerst du dich, was dann geschehen ist?"

„O ja", sagte Fons voller Entsetzen. „Dann ist der Wagen in uns hineingefahren. Ich sah ihn kommen und stemmte mich ab, aber bei dem Aufprall hat sich mein Bein verklemmt."

„Still, denk jetzt nicht mehr daran", sagte der Arzt. „In einer Stunde ist alles schon viel besser; dann hast du das Schlimmste überstanden. Ich denke, daß dir sonst nichts fehlt."

„Ist Mutter...?" fragte Fons plötzlich grell.

„Deine Mutter hat es sehr unglücklich getroffen", sagte der Doktor sanft. „Du mußt versuchen, für sie zu beten."

Jetzt drehte Fons den Kopf zur Seite, und ein Zittern

durchlief seinen mageren Jungenkörper. Der Arzt sah noch einen Augenblick mitleidig auf den Jungen hinab und stand dann auf. Er konnte ihm nicht helfen. Der Junge mußte diesen Schlag erst verarbeiten und das Mädchen natürlich auch, das durch die Aufregung vollständig durcheinandergeraten war. Dem anderen Jungen stand das gleiche Erschrecken bevor, sobald er wieder zum Bewußtsein kam. Der Arzt ging zu dem Wagen zurück und beugte sich über den Vater. Er brauchte am dringendsten Hilfe.

In diesem Augenblick kam aus einem Seitenweg ein junger Mann auf einem Fahrrad angefahren. Sie hörten ihn mehr, als daß sie ihn sahen. Er lehnte sein Rad an einen Baum am Straßenrand und lief schnell auf den Arzt zu.

„Ich bin Geistlicher", sagte er. „Wird meine Hilfe hier gebraucht?"

„Ich denke ja", sagte der Arzt mit einem Blick auf die kleine Christopherusplakette, die sein geübtes Auge sofort auf dem verbogenen Armaturenbrett entdeckt hatte.

„Wir sind Katholiken!" tönte es vom Wegrand her. „Kümmern Sie sich bitte um Mutter!"

Der Priester blickte den Arzt fragend an, und dieser führte ihn zu dem Platz, an dem die Mutter lag.

Gerry sah dies alles um sich her geschehen, jedoch so, als ob sie gar nicht dabei wäre. Als ob sie das Ganze aus der Ferne betrachte und nicht Anteil daran hätte. Der Arzt und der Priester blieben für einige Minuten unsichtbar. Sie hörte eine leise Stimme. Als die Männer sich wieder aufgerichtet hatten, hörte Gerry den Arzt flüstern: „Für das Leben des Vaters fürchte ich auch." Er sagte es leise, um nicht verstanden zu werden, aber Gerry hörte es doch. Doch es schien ihr fast, als ginge es sie gar nichts an. Teilnahmslos sah sie zu, wie der Priester auch ihrem Vater die heilige Ölung spendete. Sie hatte es noch niemals gesehen, und doch war es ihr, als kenne sie das Zeremoniell schon lange. Doch löste gerade diese Handlung irgend etwas in ihr aus. Es gab ihr ein vertrautes Gefühl. Der Priester war bei ihrem Vater fertig und wandte sich jetzt ihr zu.

„Kann ich Ihnen irgendwie helfen?" fragte er sanft. Sie sah ihn verständnislos an. Wobei sollte er ihr helfen können? Sie würde doch nicht sterben? Mit ihr war doch nichts! Sie bemerkte, daß der Priester den Arzt fragend ansah, und der nickte beruhigend. Daraufhin machte der Priester über ihr und Vincent das Kreuzzeichen. Dann sah er sich um, als erinnere er sich, auch noch andere Stimmen gehört zu haben. Und er entdeckte Fons, der mit weit offenen Augen dalag und ihn ansah. Er kniete neben dem Jungen nieder und fragte: „Hast du arge Schmerzen?"

Der Junge nickte stumm. Der Priester sah, daß ihm Tränen über die Wangen liefen.

„Dir wird ja bald geholfen werden", sagte der Priester tröstend, „dann ist es vorbei."

„Das ist — nicht so schlimm", brachte Fons mühsam heraus. „Aber Mutter! Und Vater..."

„Dein Vater lebt noch", sagte der Priester beruhigend. „Du darfst die Hoffnung nicht aufgeben. Das tun wir auch nicht. Der Krankenwagen kommt gleich, und dann wird euer Vater wahrscheinlich wieder gesund. Und deine Mutter — ja, das ist schrecklich. Aber versuche daran zu denken, daß ich ihr noch die heilige Ölung geben konnte. Jetzt wird Gott für sie sorgen. Du bist tüchtig, das hast du soeben bewiesen. Du mußt probieren, es wie ein Mann zu tragen. Wie alt bist du jetzt?"

„Vierzehn", antwortete Fons. Der Priester sagte nichts mehr. Er sah den Jungen nur an und drückte fest seine sich nervös bewegende Hand. Fons strich mit einer Bewegung der anderen die Tränen fort. Der Priester blieb noch etwas bei ihm stehen.

„Gott sei Dank, da ist der Krankenwagen!" rief der Arzt erleichtert. Man hörte schon die Sirene. Im nächsten Moment war am Schauplatz des Unglücks lebhafte Tätigkeit. Seit dem Unfall waren nur zehn Minuten vergangen, aber den Wartenden erschienen sie wie eine Ewigkeit. Der weiße Wagen schob sich neben das schwer beschädigte Fahrzeug. Zwei Männer in weißen Kitteln sprangen heraus. Der eine von ihnen öffnete sofort die hintere Tür des Krankenwagens und holte mehrere Tragen heraus. Der andere ging auf den Arzt zu, um von ihm Anweisungen zu erbitten.

„Zuerst bitte diesen Patienten", sagte der Arzt und ging auf Vater zu. „Ich befürchte innere Blutungen."

„Damit müssen wir wohl rechnen", nickte der Sanitäter. Zusammen mit seinem Kollegen setzte er eine Trage rechts neben den Unglückswagen. Mit äußerster Vorsicht betteten sie den Verletzten darauf. Dann trugen sie ihn zum Krankenwagen und schoben ihn ruhig hinein.

„Der Junge dort muß auch noch mit", sagte der Arzt, auf Vincent deutend. „Er hat eine Gehirnerschütterung. Und dann auch die..." Er winkte in die Richtung, in der Mutter lag. Die beiden Sanitäter waren zwar an derartige Tragödien gewöhnt, und doch blickten sie einen Augenblick lang still auf die Tote da am Straßenrand. Dann begannen sie schweigend und behutsam, als könnten sie ihr noch weh tun, die Tote auf eine Bahre zu legen. Erst als sie sie aufnahmen, konnte Gerry sie sehen. Eigentlich wollte sie gar nicht hinschauen, aber ihr Blick wurde unwiderstehlich von der Bahre angezogen. Viel konnte sie jedoch nicht erkennen, denn die Sanitäter hatten ein Laken über sie gebreitet. Sie sah nur die Füße, die unter dem Leinentuch hervorragten. Sie erkannte die Schuhe, die ihr so vertraut waren wie ihre eigenen. Es erschien ihr irgendwie unwirklich, diese Schuhe, die doch von einer Lebenden getragen wurden, nun an den Füßen zu sehen, die sich niemals mehr bewegen würden. Sie konnte das einfach nicht begreifen.

„Den anderen Jungen und das Mädchen nehme ich in meinem Wagen mit", sagte der Arzt. „Aber ich brauche etwas zum Schienen." Einer der Sanitäter übergab ihm schweigend das Gewünschte. Während sie sich dann mit dem immer noch bewußtlosen Vincent beschäftigten, schiente der Doktor schnell und vorsichtig Fons' Bein und Gerrys Handgelenk. Als er damit fast fertig war, kam ein Polizeibeamter auf den Wagen zugelaufen. Er war von den beiden Lastwagenfahrern verständigt worden, die Brans' Wagen angefahren hatten. Er mußte noch einige Angaben haben: Den Namen des Vaters und den Wohnsitz. Fons gab ihm Auskunft. Inzwischen waren zwei weitere Beamte mit Meßlatten und Notizbüchern tätig.

„Wenn ihr fertig seid, kann das Wrack hier abgeschleppt werden", sagte der Beamte, der die Aussagen der Lastwagenfahrer notiert hatte. „Dann können wir den Verkehr wieder durchlassen."

Wrack! Gerry schauderte bei diesem Wort. Ja, ein Wrack war ihr Wagen geworden. Und der Verkehr... Verschiedentlich war ein Wagen vorsichtig und langsam vorübergefahren. Menschen hatten neugierig hinter nassen Scheiben zu ihnen hinübergeblickt. Auf der anderen Fahrbahn, hinter der Hecke, die die beiden Straßenhälften trennte, fuhren ständig Wagen vorüber. Die hatten keinen

Aufenthalt. Sie vermuteten nicht einmal, welches Drama sich abgespielt hatte an diesem Ort, den sie völlig unberührt passierten. Das Leben ging weiter, wenn es ihnen auch so schien, als stände es in diesem Augenblick still.

Die Sanitäter waren fertig. Einer von ihnen setzte sich auf einen Klappstuhl neben die drei Tragen. Der Arzt sah noch einmal nach den Verletzten.

„Wohin fahren Sie?" fragte er.

„Ins katholische Krankenhaus von Culemborg", erwiderte der andere Sanitäter, während er sich hinters Lenkrad setzte.

„Gut, dann komme ich auch dorthin", sagte der Arzt. Er blieb noch stehen, um dem Krankenwagen nachzusehen, der wendete und in langsamer Fahrt in Richtung Culemborg verschwand. Dann ging der Arzt zu seinem eigenen Wagen, und mit Hilfe des Lastwagenfahrers trug er Fons hinein. Sie legten ihn auf die hintere Sitzbank. Zum Glück hatte er dank der Schiene nicht mehr so viel Schmerzen. Gerry konnte sich auf den Vordersitz neben den Arzt setzen. Sie trug den Arm in einer Schlinge. Auf das vorsichtige Drängen des Arztes hin stieg sie endlich aus ihrem Wagen aus. Aber es schien, als ob die Beine ihr nicht gehorchten. Sie mußte sich an der Tür festhalten, und sie hatte das Gefühl, daß sie die paar Schritte zu dem anderen Wagen hinüber unmöglich schaffen würde. Der Arzt stützte sie und half ihr auf den Sitz. Die Tür neben ihr wurde zugeschlagen, und sie fuhren ab.

Wie anders war es diesmal als vor einer halben Stunde. Gerry saß still in Gedanken versunken neben der großen, kräftigen Gestalt des Arztes. Sie sagte nichts. Auch die anderen sprachen nicht. Jeder hatte genug mit seinen eigenen Gedanken zu tun. Der Arzt saß vornübergeneigt, um die

Straße besser erkennen zu können. Gerry versuchte zu begreifen, daß es nicht ihr Vater war. Es schien fast, als ob sich gar nichts verändert hätte. Noch immer fuhren sie durch dichten Nebel. Allein in ihr selbst war alles verändert. Sie saß nicht mehr mit angstklopfendem Herzen da. Alle Spannung war von ihr gewichen. Sie saß da, als ginge der Nebel sie nichts an. Was immer auch geschehen konnte, war bereits geschehen.

Endlich, als sie nach Culemborg kamen wurde der Nebel dünner und flüchtiger, die Sicht besser. Der Arzt richtete sich aus seiner vorgeneigten Haltung auf, und sie fuhren schneller in die Stadt hinein. Nach einigem Suchen fand er das Krankenhaus. Er kannte Culemborg nicht. Er war nur zufällig die Strecke gefahren, er wollte nach Amsterdam. Das erzählte er ihnen, als sie durch die Stadt fuhren.

„Aber ich gehe natürlich mit Ihnen", fügte er beruhigend hinzu.

Sie hielten vor dem Krankenhaus. Der Arzt stieg aus und schellte. Im nächsten Augenblick öffnete sich die Tür, und der Nachtportier und eine Schwester kamen sofort heraus.

„Wir haben Sie bereits erwartet, Herr Doktor", sagte die Schwester. „Der Krankenwagen ist gerade angekommen. Der Sanitäter sagte, daß Sie mit noch zwei Patienten kommen würden."

„Wie geht es dem Herrn?" fragte der Arzt sofort.

„Er ist gleich in den Operationssaal gebracht worden", antwortete die Schwester. „Doktor de Koning untersucht ihn gerade."

„Ausgezeichnet", sagte der Arzt zufrieden. „Dann ist er ja in guten Händen. Und der Junge?"

„Liegt im Bett", erwiderte sie. „Der Neurologe hat ihn bereits untersucht. Er ist wieder bei Bewußtsein, aber er hat noch nichts gesagt."

„Das ist ja ebenfalls ein guter Bericht", fand der Arzt. „Ich habe hier noch zwei Patienten. Zum Glück nicht so ernste Fälle."

„Wie ist es", wandte die Schwester sich freundlich an Gerry. „Können Sie allein aussteigen, oder soll ich Ihnen helfen?"

„Helfen Sie ihr bitte", sagte der Arzt. „Sie leidet unter einem Schock, das arme Kind." Gerry hörte es. Leichte Verwunderung überkam sie. War es das, diese Schwäche und Gefühllosigkeit in ihr? Sie hatte über Schockwirkung in der Zeitung gelesen und sich jedesmal gefragt, was das nun eigentlich sei. Aber schon im folgenden Augenblick vergaß sie es wieder; es interessierte sie nicht mehr.

Sie ließ sich von der freundlichen Schwester aus dem Auto heraus- und die paar Stufen hinaufhelfen. In der Eingangshalle setzte die Schwester sie auf eine Bank. Dann lief sie wieder hinaus, um dem Portier zu helfen, Fons hineinzutragen. Aber der Portier brauchte keine Hilfe. Ohne Anstrengung trug er den Jungen allein herein. Dort legte er ihn auf eine fahrbare Trage. Die Schwester nahm Gerry am rechten Arm und führte sie zum Aufzug. Er war groß und geräumig genug, um auch die Trage aufzunehmen. Der Arzt kam mit.

„Zuerst bitte zur Röntgenabteilung, Schwester", sagte er. „Es werden Aufnahmen gemacht werden müssen."

„Ja", sagte die Schwester, „damit haben wir schon gerechnet. Es ist alles vorbereitet." Der Arzt und die Verletzten mußten in einem Vorraum warten. Dann kam ein junges Mädchen und fuhr zusammen mit der Schwester zuerst Fons in einen anderen kleinen Raum. Das Mädchen trug eine große Gummischürze.

Gerry wartete geduldig, bis sie dran war. Der Arzt war fortgegangen. Sie war jetzt allein. Aus dem Röntgenraum hörte sie Geräusche, unter denen sie sich nichts vorstellen konnte. Aber zum Glück dauerte es nicht lange. Die Trage kam wieder heraus. Jetzt wurde sie hereingeholt. Schritt für Schritt ging sie auf den Stuhl zu, auf den sich zu setzen das Mädchen sie freundlich gebeten hatte. Dann mußte sie ihre Hand auf eine bestimmte Stelle legen. Eine Art Kasten kam dicht über ihre Hand herunter. Das Mädchen stellte sich hinter einen Schirm, von wo aus sie den Apparat bediente. Das Licht ging aus, und dann hörte Gerry ein summendes Geräusch. Einen Augenblick empfand sie entsetzliche Angst. Sie wußte nicht, ob das durch die Dunkelheit kam, die sie an den gerade geschehenen Zusammenstoß denken ließ, oder durch das geheimnisvolle Summen. Sie wollte schreien, aber es kam kein Laut über ihre Lippen...

„So, fertig", sagte das Mädchen und ließ den Kasten wieder nach oben gleiten. „Warten Sie jetzt bitte, bis ich die Aufnahmen entwickelt habe."

Gerry fühlte sich nach der eben ausgestandenen Angst sehr elend. Sie klammerte sich an die Schwester, sie fürchtete zu fallen.

„Was ist?" Die Schwester sah sie erschrocken an. „Kind, Sie sehen so blaß aus! Kommen Sie nur. Sie werden mir doch jetzt nicht noch schlapp machen!" Ohne viel Aufhebens legte sie Gerry auf die Bank im Wartezimmer und kühlte ihr mit einem feuchten Tuch die Stirn.

„Na also", sagte sie kurz darauf, „jetzt geht es doch schon wieder, nicht wahr? Die Aufnahmen sind fertig. Wir gehen jetzt zum Operationssaal zum Eingipsen." Tatsächlich fühlte Gerry sich etwas besser. Der Operationssaal war zum Glück nicht weit entfernt. Der Chirurg war noch dort, und bei ihm war der Arzt, der ihnen so liebevoll geholfen hatte, von dem sie aber nicht einmal den Namen kannten.

Die Schwester befestigte eins der Fotos über dem Behandlungstisch. Es war das Foto von Gerrys Hand. Der Doktor hatte durch einen Wink zu verstehen gegeben, daß man sie zuerst behandeln müsse, nachdem er einen Blick auf ihr blasses, erschöpftes Gesicht geworfen hatte. Sie mußte sich auf den Tisch legen. Der Chirurg löste die Schiene. Sie fühlte einen stechenden Schmerz, als ihr Handgelenk ohne diese Stütze war. Aber mit Hilfe des unbekannten Arztes bog der Chirurg das Handgelenk jetzt zurecht. Sie sah, daß er dabei immer wieder auf das Foto blickte. Dann begann er, mit nassem Gips getränkte Binden darumzuwickeln. Das ging so schnell, daß sie schon nach kurzer Zeit keine Schmerzen mehr hatte.

„Das wär's", sagte er zufrieden. „Stecken Sie sie nur gleich ins Bett, Schwester. Der Junge könnte wahrscheinlich dann wieder nach Hause, aber das werden wir ja sehen. Sie muß auf jeden Fall heute nacht noch hierbleiben."

Gerry hörte, daß über sie beschlossen wurde. Aber es berührte sie gar nicht. Wenn nur nichts mehr von ihr verlangt wurde, wenn sie nur in Ruhe gelassen wurde.

Die Schwester nahm sie beim Arm und brachte sie zu einem Zimmer. Dort half sie ihr beim Ausziehen, während sie freundlich mit ihr sprach. Aber Gerry hörte überhaupt nicht, was sie zu ihr sagte. Es drang nicht bis zu ihr durch, und sie gab auch keine Antwort.

„Und jetzt schnell unter die Decke", sagte die Schwester schließlich. Sie schlug das Bett auf und half ihr, sich hineinzulegen. Das war mit dem verbundenen Arm etwas schwierig. Sie würde sich aber daran gewöhnen müssen.

„Jetzt wird schön geschlafen", ermahnte die Schwester sie. „Sie werden schrecklich müde sein."

Sorgfältig deckte sie sie zu. Als sie sah, daß Gerry gut lag, ging sie leise aus dem Zimmer. Ein kleines Nachtlicht brannte. Das beruhigte Gerry. Erschöpft schloß sie die Augen.

Sofort glitt alles von ihr ab. Alles, was sie in den letzten Stunden mitgemacht hatte, wich zurück. Sie versank in eine wohltuende Bewußtlosigkeit, die sie für einige Zeit alles vergessen ließ.

Gerrys Welt stürzt ein

Durch die graue Morgendämmerung drang ein Geräusch. Gerry war noch nicht ganz wach. Sie befand sich noch in dem Stadium, in dem kleine Gedankenblitze durchs Gehirn schießen, aber die Wirklichkeit noch nicht greifbar ist. Das Stadium, in dem völlig unlogische Dinge wirklich zu sein scheinen, an die wir uns einen Augenblick später, wenn wir die Schwelle des Bewußtseins überschritten haben, überhaupt nicht mehr erinnern; jene Dinge, die wir hastig festzuhalten versuchen, aber die gerade durch diesen Versuch entschwinden und unerreichbar werden.

In diesem Zwischenreich zwischen Schlaf und Wirklichkeit lebte Gerry noch. Allein dieses leise Geräusch war zu ihr durchgedrungen. Es setzte sich fest, zerrte an ihrem Bewußtsein. Die Wahrnehmungen aus dem Grenzgebiet verblaßten allmählich ...

Gegen das kalte Novemberlicht blinzelnd, öffnete Gerry die Augen. Sie fielen ihr sofort wieder zu, aber so viel hatte sie doch begriffen: daß es Morgen war. Sie war wach. Die Welt des Unbewußten machte der Welt des Bewußten Platz, wenn auch noch nicht sofort mit aller Unbarmherzigkeit, die das Bewußtsein für sie bringen würde.

Es war ja Morgen, sie mußte aufstehen. Wie herrlich war es doch im Bett! Das waren ihre gewohnten Gedanken.

Dann kamen die ungewohnten: die Verwunderung über die Tatsache, daß das Licht von der falschen Seite kam. Die Verwunderung über das Geräusch einer Tür, die geöffnet und geschlossen wurde. War Rinie schon hinuntergegangen?

Gerry riß die Augen weit auf.

Im ersten Augenblick war sie vollständig durcheinander. Wo war sie? Was war das für ein fremdes Zimmer? Was für ein Bett? Sie versuchte sich zu erinnern, aber sie begriff nichts.

Noch einen Augenblick blieb sie reglos liegen. Ihre Gedanken arbeiteten fieberhaft. Wie kam sie hierher? Sie gehörte doch nicht hierher! Warum war sie allein? Wer hatte die Tür zugemacht? Sie schlug die Decke zurück. Sie wollte aufstehen und nachsehen. Aber was war das?

Verblüfft blickte sie auf ihren linken Arm. Oder besser auf das, was um diesen Arm herum war. Ein dicker, weißer Verband. Hart! Gips? Was war nur geschehen? Sie wußte plötzlich genau, daß es etwas Furchtbares war. Während sie auf ihr Handgelenk starrte, kehrte die Erinnerung langsam zurück. Jene Dinge, von denen sie begriff, daß sie Wirklichkeit waren, die ihr aber dennoch wie ein wirrer Traum erschienen...

Sie war im Krankenhaus. Ihr Handgelenk? Das war geschient. Sie erinnerte sich, daß sie auf dem Behandlungstisch gelegen hatte und daß ein Arzt — wie hieß er bloß? — ihr den Gipsverband anlegte.

Aber war sie denn allein hier? Wo waren die anderen? Wie war sie hierhergekommen? Dann drängte sich ein anderes Bild vor ihre Augen: Fons — auf einer Trage. Was war mit Fons? Wo war er jetzt? Er war doch bei ihr gewesen.

Warum war sie nicht in Utrecht? Sie mußte doch zu ihrer Vorlesung. Ach nein, sie war ja zu Hause gewesen. Vater hatte Geburtstag gehabt. Wie nett war es doch gewesen! Was für einen gemütlichen Tag hatten sie gehabt... Und dann?

Sie war doch zurückgefahren! Die Eltern und die Geschwister hatten sie doch weggebracht. So hatte sie nicht mit dem Zug zu fahren brauchen. Das war nett gewesen, aber sie hatte irgendwie scheußlich geträumt. In dieser Dunkelheit — und dann der Zusammenstoß — im Nebel...

Aber das hatte sie doch gar nicht geträumt!

Was, um Himmels willen, war denn geschehen?

War es Wirklichkeit? War es Traum? Der Zusammenstoß? Der Schlag? Die Kälte? Die Nässe? Vincent, der gegen sie fiel? Bewegungslos? Vater über das Lenkrad geneigt — und Mutters Platz leer? Die Bahre mit dem weißen Laken darüber? Mutters Schuhe, die darunter hervorsahen? Die Gedanken und Bilder wirbelten durcheinander. Sie konnte sie nicht festhalten. Warum war sie immer noch allein? Sie mußte mit jemandem sprechen... Sie mußte wissen, was vorgefallen war.

Mühsam setzte sie sich auf. Sie sah auf ihre Hand, ohne sie wirklich zu sehen. So fand die Krankenschwester sie, die einen Augenblick später ins Zimmer kam. Gerry sah sie an und wunderte sich, daß sie das fremde Gesicht nicht kannte.

„Sind Sie wach?" fragte die Schwester freundlich. „Als ich gerade eben um die Ecke sah, schliefen Sie noch." Sie ging zum Fenster und zog die Gardine zurück. Das kalte Licht des späten Herbsttages fiel jetzt nüchtern ins Zimmer.

„Wie spät ist es?" fragte Gerry. Sie sah weder Anfang noch Ende.

„Es ist kurz vor acht", sagte die Schwester. „Wir haben Sie etwas länger schlafen lassen. Die anderen Patienten sind schon längst gewaschen. Das ist nun einmal so in einem Krankenhaus." Sie ging zum Waschtisch und drehte den Kran auf. Aus dem Nachttischschubfach holte sie ein frisches Handtuch und einen Waschlappen. „Sie dürfen aufstehen. Geht das?"

Gerry saß noch aufrecht in ihrem Bett. „Wo ist Fons?" fragte sie zögernd.

„Fons? Ist das Ihr Bruder mit dem gebrochenen Bein?" fragte die Schwester.

Gerry nickte.

„Der ist gestern abend noch nach Hause gefahren. Ihr Schwager hat ihn geholt, glaube ich."

„Theo?" wunderte Gerry sich. Sie begriff jetzt überhaupt nichts mehr. Theo war doch gar nicht dabeigewesen. Der wußte doch von nichts.

„Ja, er wollte gern heraus aus dem Krankenhaus. Sein Bein ist ja gegipst. Es war doch kein so komplizierter Bruch. In einer Woche wird es schon wieder besser sein", erzählte die Schwester. Sie erzählte das alles ein bißchen gehetzt und nervös, so, als fürchte sie, gleich auch nach den anderen gefragt zu werden.

„Aber woher wußte Theo Bescheid?" fragte Gerry ein wenig hilflos. Sie fand noch immer keinen Weg aus all dem Unbekannten. Es war zuviel, was sie zu fragen hatte und doch eigentlich nicht fragen durfte. So blieb sie am Rande der Dinge.

„Oh, den haben wir gestern angerufen. Ihr Bruder hat uns die Nummer gesagt. Eine Dreiviertelstunde später war er hier. Er hat Ihren Bruder zu sich nach Hause genommen." Die Schwester sagte das noch immer so, als handele es sich um etwas Alltägliches, Übliches. Sie gab sich Mühe, nicht an das zu denken, was sich abgespielt hatte, nachdem man Gerry gestern abend zu Bett gebracht hatte. Gerrys Schwager war zutiefst erschüttert gewesen; wortlos hatte er bei Vater und Mutter gestanden. Sie sah Gerry nicht an, sondern suchte geschäftig ihre Kleidungsstücke zusammen und lief eifrig im Zimmer hin und her.

Aber Gerry fühlte es. Sie wußte jetzt wieder alles mit absoluter Deutlichkeit.

Und jetzt stand sie den Dingen anders gegenüber als gestern, als es ihr gewesen war, als ginge das Ganze sie gar nichts an. Sie saß still und starrte vor sich hin. Ihr Gesicht war schneeweiß, die Lippen zusammengepreßt. Sie hörte nicht auf das, was die Schwester sagte. Wie eine Flutwelle brach das Unabwendbare über sie herein, das sie die ganze Zeit über als unbestimmte Drohung empfunden hatte. Nun war es da, und sie erkannte es. Ihr erster Impuls war, sich umzudrehen und davor wegzulaufen, weg von der mörderischen Flut, die sie zu überspülen drohte. Als ob sie bereits die Beklemmung des Erstickens fühlte, griff sie sich an die Kehle. Sie schluckte mühsam. Ihre Augen blickten starr, ohne etwas im Zimmer wahrzunehmen. Sie sah nur das andere: Mutter tot! Vater vielleicht auch. Und Vincent? Es war plötzlich so, als sei er ihr immer am liebsten gewesen — Vincent, der so oft mit seinen großen und kleinen Problemen zu ihr gekommen war. Vincent, der anhänglicher und weniger selbständig als sein Zwillingsbruder war. All das Schreckliche war wahr!

Warum war es geschehen? Welcher Sinn lag darin?

Noch immer begriff sie es nicht, aber sie wußte jetzt — anders, als sie es gestern abend gewußt hatte —, daß es wahr war. Daß nichts mehr daran zu ändern sein würde. Sie blieb mit angstvoll aufgerissenen Augen im Bett sitzen.

„Soll ich jetzt beim Waschen helfen?" fragte die Schwester, die nicht bemerkt hatte, welche Veränderung mit Gerry vorgegangen war. Sie hatte ruhig ihre Arbeit getan und geplaudert, aber Gerry hatte es gar nicht mehr aufgenommen. Sie war ganz von ihren eigenen Gedanken erfüllt.

„Ihre Schuhe kann ich nicht finden", fuhr die Schwester fort. „Wohin haben Sie sie gestern abend gesetzt?"

Als Gerry nicht antwortete, blickte die Schwester verwundert zu ihr hin. „Kind", erschrak sie, „was ist mit Ihnen? Ist Ihnen nicht wohl?"

Gerry sah sie verwirrt an, dann rief sie fast heftig: „Schwester, es ist doch nicht wahr! Bitte, bitte, sagen Sie, daß es nicht wahr ist. Daß ich alles nur geträumt habe!"

„Oh", sagte die Schwester mühsam. „Ich — ich weiß nicht genau, was passiert ist. Es war ein Unfall. Ich hatte gestern abend keinen Dienst. Sie müssen tapfer sein."

„Tapfer sein! Tapfer sein! Wie kann ich tapfer sein!" brach es aus Gerry heraus. „Sie wissen ja gar nicht, was Sie da reden!"

„Bleiben Sie noch etwas liegen, ja?" flehte die Schwester sie an. „Ich hole die Oberschwester. Die kann besser mit Ihnen sprechen."

Gerry ließ sich zudecken. Todmüde fühlte sie sich, nicht so, als wäre sie gerade aus tiefem Schlaf erwacht. Sie sah, ohne etwas zu sehen, zum Fenster hin. Es kam ihr vor, als ob jetzt alles seinen Sinn verloren, als ob die Erde ihr Aussehen verändert hätte. Ihre Welt stürzte zusammen. Die Welt eines unbekümmerten Menschenkindes, für das es bisher nicht Schmerz und Not gegeben hatte...

Die Tür öffnete sich leise, und herein kam eine Nonne. Sie war nicht mehr jung, und ihr Gesicht hatte etwas Mütterlich-Vertrautes. Gerry sah ihr mit angstvollen

Augen entgegen, mit Augen, in denen noch das Fürchterliche stand, das sie gesehen hatten. Gerry wollte sich aufrichten, aber die Schwester drückte sie sanft in die Kissen zurück.

„Bleiben Sie noch etwas liegen", sagte sie freundlich. „Ich komme nur, um mich ein wenig mit Ihnen zu unterhalten. Wie heißen Sie eigentlich?"

„Gerry", sagte sie schwach.

„Gerry", wiederholte die Schwester, dann machte sie eine kleine Pause, als müsse sie darüber nachdenken, wie sie das, was zu sagen war, sagen sollte. „Ihnen ist Schreckliches zugestoßen", begann sie sanft. „Sie haben Furchtbares mitgemacht." Gerry hatte das Gefühl, diese Schwester schon lange zu kennen. Sie wußte nichts zu erwidern, sondern blickte nur hilflos auf die Fremde, die ihr eigentlich keine Fremde war. Schwester Franziska nahm ihre Hand, die so müde auf der Decke lag.

„Aber Sie dürfen jetzt nicht so ratlos sein, Kindchen", sagte sie kopfschüttelnd. „Es ist niemals alles vorbei. Ich begreife sehr gut, daß es Ihnen jetzt so vorkommt. Sie waren gestern abend in einem Schockzustand. Sie hatten wohl alles erlebt, konnten es aber noch nicht begreifen. Sie hatten es nicht miterlebt. Jetzt ist das anders. Sie haben den Schock überwunden, und jetzt ist plötzlich alles über Sie gekommen. Sie erleben es erst jetzt mit Bewußtsein. Jetzt begreifen Sie, was Sie erlitten haben. Jetzt bedrückt es Sie in all seiner Schwere, so daß Sie unterliegen zu müssen glauben. Ist es nicht so?"

Gerry sah sie noch immer verzweifelt an. Was hatte dieses Reden für einen Sinn? Sie wußte das doch eigentlich auch selbst...

„Aber Sie werden nicht unterliegen", fuhr Schwester

Franziska fort. „Sie werden es überstehen. Sie werden sich wieder aufrichten, wieder nach oben kommen. Ein Mensch ist ungeheuer elastisch."

„Aber ich will gar nicht mehr, ich will mich nicht mehr aufrichten", stieß Gerry unerwartet aus.

„Und doch wird es so kommen", erwiderte die Schwester ruhig, „und das ist auch gut so. Auch ohne daß Sie es wollen, werden Sie sich langsam an den Gedanken gewöhnen, die Mutter verloren zu haben."

Gerry stöhnte auf. Wenn sie es auch wußte, so war es jetzt doch das erste Mal, daß es jemand aussprach.

„Armes Kind", sagte die Schwester sanft und strich mit ihrer kühlen Hand über Gerrys Stirn. Gerry fühlte, daß ihre Augen brannten, aber sie blieben trocken. Es schien, als ob sie keine Tränen mehr hätte, während für die Kümmernisse ihrer Jugend stets genug dagewesen waren.

„Es ist auch notwendig, daß Sie sich an diesen Gedanken gewöhnen", sagte die Schwester fast überredend. „Es wird noch viel von Ihnen verlangt werden, Gerry, das verstehen Sie doch wohl."

Gerry hörte diese letzten Worte kaum. Seit der Erwähnung des Todes ihrer Mutter war es, als ob nur noch ein Bild in ihr Platz habe: Mutter auf der Bahre, mit einem Laken zugedeckt. Und zugleich wußte sie, daß das nicht sein durfte, nicht sein konnte. Mutter durfte nicht tot sein. Sie konnte Mutter nicht entbehren, gerade jetzt nicht. Alles hätte sie ertragen können, nur dies eine nicht ... Niemals würde sie sich daran gewöhnen, daß Mutter nicht mehr war — daß sie sie nicht mehr zurechtweisen, ihr niemals mehr zulachen würde, wie sie es gerade in diesen letzten Tagen getan hatte, so lieb, beinahe mädchenhaft. Daß sie ihre Stimme nicht mehr hören würde. Niemals mehr ...

Und so plötzlich, ohne die geringste Vorbereitung, war sie ...

Schwester Franziska nahm Gerrys Hand, und als Gerry sie ansah, sagte sie:

„Du mußt zu glauben versuchen, daß dies Gottes Wille ist, Gerry."

„Dies Gottes Wille?" erwiderte Gerry fast verbissen. Sie schlug ihre Augen nieder und sah ihre verbundene Hand. Unwillkürlich versuchte sie, ihre Finger zu bewegen.

„Ja, das klingt banal", sagte die Schwester, „ein kleines Pflaster auf die Wunde. Wenn man keinen Ausweg weiß, spricht man vom Willen Gottes — vielleicht hilft's. Aber so geht das nicht. Es ist die Wirklichkeit. Gerade die Tatsache, daß wir die Liebe kennen und das Leid um den Verlust der Liebe, bringt uns Gott näher. Denn von Ihm allein kommt dies alles. Er selbst kennt beides bis ins Tiefste hinein. Und was Er uns sendet, das sendet Er uns aus Liebe. Er will es so, Gerry. Und Er will es trotz seiner Liebe, nein — weil Er uns liebt. Vielleicht wirst du erst später erkennen, daß es so ist."

„Nein, das kann ich nicht!" Gerry schüttelte den Kopf. „Das kann nicht wahr sein."

„Du mußt es glauben wollen, Gerry", sagte Schwester Franziska, aber Gerry schüttelte weiterhin gedankenvoll den Kopf. Das konnte doch unmöglich gut sein. Sie konnten die Mutter doch überhaupt nicht entbehren. Auch Vater nicht. Und die Jungens? Sie waren noch so jung. Und sie selbst? Gerade dieser Tage war sie sich so deutlich bewußt geworden, daß sie zwar von zu Hause fort, aber doch mit jeder Faser ihrer Seele diesem Zuhause verbunden war ... Gerade jetzt, da sie so völlig die Flügel hängen ließ, müßte jemand da sein, der auf sie achtgäbe, der ihr Halt geben könnte, jetzt, da sie selbst noch nicht wußte, wie es weitergehen sollte, eine Stütze allein durch das Dasein, durch die Liebe... Sie fühlte sich in der großen, kalten Welt völlig alleingelassen. Das konnte Gott doch nicht wollen, daß einem jemand, den man so nötig brauchte, plötzlich geraubt wurde. So etwas war die Tat eines Feindes, nicht eines Vaters!

„Ein Vater muß oft Dinge tun, von denen er weiß, daß sie seine Kinder schmerzen. Das begreifen die Kinder oft nicht. Und doch tut er es um der Kinder willen..." Schwester Franziska sprach diese Worte leise vor sich hin, als hielte sie ein Selbstgespräch. Aber ihre Worte schlossen sich so seltsam genau den Gedanken an, die Gerry durch den Kopf gegangen waren, daß sie sogleich Widerhall fanden. Gerry wandte den Kopf und seufzte tief. Dann flüsterte sie:

„Vielleicht ist es wirklich so... Aber ich — ich kann es einfach noch nicht begreifen."

„Das brauchst du auch nicht", sagte die Schwester freundlich. „Aber wenn du versuchst zu glauben, dann ist das alles nicht mehr so unerträglich."

Besorgt blickte Schwester Franziska in das Gesicht des jungen Mädchens. Wenn sie doch nur weinen würde, dachte sie. Es ist unnatürlich, wie ruhig sie ist.

Gerry sagte nichts. Sie fuhr fort, aus dem Fenster zu schauen. Ihr Gesicht war schneeweiß, und ihre Lippen preßten sich fest aufeinander. Schwester Franziska sah sie unverwandt an. Irgend etwas mußte doch geschehen!

„Wollen Sie nicht noch etwas schlafen?" fragte sie. „Oder wollen Sie lieber aufstehen? Sie könnten es ruhig. Und sollten Sie nicht — wenn Sie wollen — nach Ihrer

Mutter sehen?" fragte sie dann zögernd. Sie wußte nicht recht, ob sie richtig handelte.

„Ja, ich möchte sie sehen", stimmte Gerry sofort zu. „Darf ich das?"

„Gewiß", erwiderte die Schwester ruhig. Sie war froh, daß sie es gesagt hatte. Jetzt kam endlich wieder Leben in das Mädchen. „Ich werde Ihnen beim Waschen und Ankleiden helfen. Und dann gehen wir gleich zusammen hin."

Gerry wußte gar nicht schnell genug fertig zu werden. Es schien ihr plötzlich, als müsse sie unverzüglich zur Mutter. Warum hatte sie das nicht schon früher gefragt? Hatte sie gedacht, sie könne es nicht? Oder hatte sie Angst gehabt? Nun, da die Schwester es ausgesprochen hatte, gab es in ihr nur den einen einzigen Wunsch, die Mutter zu sehen. Vielleicht zum letzten Male...

Schwester Franziska half ihr schnell und gewandt. Das war auch notwendig, denn Gerry konnte mit der linken Hand nichts tun.

„Es geht schon ganz gut, wie?" lächelte die Schwester, während sie versuchte, den Reißverschluß zuzuziehen. „In ein paar Tagen haben Sie keine Hilfe mehr nötig. Nein, wirklich, lange werden Sie den Gips nicht zu tragen brauchen."

Gerry hörte die Worte kaum. Sie war von nur einem Gedanken erfüllt. Wie würde Mutter aussehen? Sie wollte bei ihr sein. Sie ansehen...

„Wo sind Ihre Schuhe?" Die Schwester blickte umher. „Oh, warten Sie, die hat Schwester Beekman gestern abend dort unter den Schrank gestellt!"

Gerry mußte sich auch beim Anziehen der Schuhe helfen lassen. Sie fühlte sich wieder ganz hilflos und klein, aber die Schwester tat es so selbstverständlich, daß sie es gar nicht weiter merkte. „So, jetzt sind wir fertig", sagte Schwester Franziska herzlich. „Sollen wir jetzt gehen? Wollen Sie es wirklich gern?" fragte sie noch und sah Gerry forschend an.

Gerry nickte wortlos.

Schwester Franziska zog ihren rechten Arm durch den ihren, und so gingen sie gemeinsam den Gang entlang. Gerry fühlte sich seltsam erregt. Sie wollte vorwärts laufen, zur Mutter hin. Aber gleichzeitig war ihr, als wären ihre Füße festgebunden. Sie fühlte ihr Herz bis in die Kehle hinein klopfen. Ihre Hand, die auf Schwester Franziskas Arm lag, zitterte. Die Schwester griff nach dieser Hand und drückte sie mütterlich.

Endlich, in einem stilleren Seitengang, öffnete Schwester Franziska behutsam eine Tür zu einem Raum, in den gedämpftes Licht fiel ...

Plötzlich fühlte Gerry sich ängstlich und beklommen. Hier also war Mutter ... Sie konnte nicht hineinsehen. Sie klammerte sich an Schwester Franziska an.

„Keine Angst haben!" flüsterte die. „Hier ist nichts Schlimmes. Sie liegt so friedlich da." Sie zog das Mädchen sanft mit hinein, und nun mußte Gerry hinsehen. Zitternd trat sie vor, die weit geöffneten Augen starr auf das in der Mitte des Raumes stehende Bett gerichtet. Am Fußende blieb sie stehen. Wie bleich sie war da vor ihr ... Sie mußte sich besinnen. War das Mutter? So weiß? So still?

Sie schluckte trocken und sah dann wie gebannt hin auf dieses sanfte, fast lächelnde Gesicht mit den geschlossenen Augen. So dunkel bogen sich die Wimpern auf den durchsichtigen Wangen. Wie zart das aussah! Sie blickte auf die dunkle Haarlocke, die unter dem Verband hervor auf die hohe, weiße Stirn fiel. Im Hinsehen erinnerte sie sich der Gebärde, mit der Mutter diese Locke zurückzustreichen pflegte... Mit der lieben Hand, die jetzt so reglos mit der anderen verschränkt lag. Vor allem die Hände wirkten so still. Diese immer fleißigen Hände... Und plötzlich traf es sie wie ein Blitz, das Begreifen, daß diese Hände sich jetzt niemals mehr bewegen würden. Daß sie jetzt dort still und untätig lagen für alle Zeiten. Aus der steifen, leblosen Haltung dieser sonst so regen Hände begriff sie die Unwiderruflichkeit dessen, was geschehen war. Diese still gefalteten Hände rührten etwas in ihr an, was bisher völlig unberührt geblieben war. Mit einem Aufschrei fiel sie neben dem Bett auf die Knie. Sie schlug die Hände vors Gesicht und brach in wildes Schluchzen aus. Hier, am Totenbett ihrer Mutter, war es, als ob etwas in ihr zerbräche. Ratlos schrie sie ihren verzweifelten Schmerz hinaus. Sie lehnte ihren Kopf an das Bett und tastete nach dem Arm der Mutter, der sich nicht bewegte. In diesem Augenblick empfand sie die Unerreichbarkeit, die Unantastbarkeit der Toten, und sie fühlte sich unbeschreiblich einsam.

Aber gleichzeitig fühlte sie in diesem grenzenlosen Schmerz, der sich jetzt endlich Bahn brach, eine sanfte Wärme, fast einen Trost. Es tat wohl, sich so gehen lassen zu können. Nach einigen Minuten wurde sie ruhiger. Das wilde Schluchzen erstarb. Sie blieb mit dem Kopf an das Bett gelehnt und weinte nur noch leise.

Dann fühlte sie eine weiche Hand auf der Schulter. Sie schrak auf. In den vergangenen Minuten hatte sie völlig vergessen, daß sie nicht allein war. Mit tränenüberströmtem Gesicht blickte sie Schwester Franziska an. Verwirrt erkannte sie, daß es auch in deren Augen feucht schimmerte. Mit sanfter Hilfe richtete die Schwester sie auf.

„Komm!" flüsterte sie, und Gerry folgte ihr gehorsam. Draußen trocknete sie ihre Tränen. Es war niemand hier auf dem stillen Gang. Schwester Franziska nahm wieder ihren Arm.

„Es ist gut, daß Sie sich ausgeweint haben", sagte sie herzlich. „Sie brauchen sich deswegen nicht zu schämen."

Gerry sagte nichts. Sie lief neben der Schwester her, ohne aufzusehen. Sie schämte sich auch nicht ihres plötzlichen Ausbruchs. Sie fühlte sich jetzt viel ruhiger. Es war, als ob die Tränen die schreckliche Benommenheit von ihr fortgespült hätten. Als sie ins Zimmer zurückgekehrt waren, begann die Schwester schweigend das Bett zu machen. Gerry stand dabei. Sie wußte nicht recht, was sie jetzt tun sollte. Zerstreut blickte sie auf die geschäftigen Hände der Schwester. Unerwartet wandte diese sich ihr zu:

„Haben Sie schon gefrühstückt, Gerry?"

Gerry schüttelte leicht verwundert den Kopf. Sie hatte noch gar nicht ans Essen gedacht und spürte überhaupt keinen Hunger.

„Ich werde Ihnen etwas holen", sagte die Schwester bestimmt. „Gleich kommt Ihr Schwager. Ich kann Sie doch nicht ohne Frühstück mitfahren lassen." Sie ließ Gerry allein. Das Mädchen setzte sich auf einen Stuhl und blickte sich ziellos im Zimmer um. Theo kam gleich, um sie zu holen? Was hatten sie mit ihr vor?

Ja, natürlich, hier konnte sie nicht bleiben. Es war noch so viel zu erledigen. Mutter würde begraben werden müssen, überlegte sie. Wer mochte sich darum kümmern? Vater konnte es doch nicht. Was war eigentlich mit Vater? Und mit Vincent? So viele Fragen bestürmten sie. Fragen mehr praktischer Art, die von dem großen Kummer bisher verdrängt worden waren, der so unerträglich schien. Jetzt kamen diese Fragen und warteten auf eine Antwort, so schnell wie möglich.

„So, das wird doch wohl schmecken", sagte Schwester Franziska herzlich, und sie setzte das Tablett vor sie, auf dem ein Teller mit mehreren belegten Broten und eine Tasse Tee waren. Aber Gerry sah kaum hin.

„Wie geht es meinem Vater?" fragte sie drängend.

„Ich bin froh, daß Sie nach ihm fragen", sagte die Schwester. „Er hat eine verhältnismäßig ruhige Nacht gehabt. Der Doktor ist nicht unzufrieden."

„Aber — aber wird er am Leben bleiben?" stotterte Gerry wie gejagt. Sie begriff selbst nicht mehr, wie sie den Vater in ihrer Verzweiflung so hatte vergessen können.

„Er befindet sich noch immer in Gefahr", sagte die Schwester zögernd, „aber wir wollen doch das Beste hoffen."

Er lebt noch! durchfuhr sie ein erleichterter Gedanke. Mit ihm ist nicht das Unabwendbare geschehen. Er war nicht so unerreichbar wie Mutter. Es schien ihr, als wisse sie jetzt sicher, daß er durchkommen werde.

„Und Vincent?" fragte sie, noch ängstlich. Es war, als lehne sein bleiches Gesicht noch immer gegen ihren Arm und das Blut sickere über seine Schläfe.

„Vincent ist außer Gefahr", sagte die Schwester beruhigend. „Er ist gestern abend wieder zu sich gekommen, aber er erinnert sich überhaupt nicht an den Unfall. Er hat eine schwere Gehirnerschütterung und braucht Ruhe."

„Weiß er — weiß er, daß Mutter ...?" fragte sie dann zögernd.

„Nein, wir haben es ihm noch nicht gesagt", sagte die Schwester sanft. „Es wird für ihn ein arger Schock sein, wenn er es hört."

Armer Vincent! mußte sie denken. Wenn er wieder auf dem Wege der Besserung war, würde er es erfahren. Wie schrecklich!

„Und ich? Was soll ich jetzt tun?" fragte Gerry, hilflos zu Schwester Franziska aufblickend.

„Erst müssen Sie das hier schön aufessen", lächelte die Schwester. „Und dann fahren Sie gleich mit Ihrem Schwager nach Hause zu Ihrer Schwester. Sie müssen sie stärken, Gerry. Es wird nicht sehr geruhsam werden. Sie müssen ihr helfen", fuhr sie ernst werdend fort. Und als sie Gerrys fragenden Blick sah: „Ihr Schwager erzählte, daß die Nachricht von dem Unglück sie völlig aus der Fassung gebracht habe. Er konnte sie gar nicht allein lassen, sondern mußte jemanden dazuholen, bevor er wegfahren konnte. Sie erwartet ein Kind, nicht wahr?"

Also stimmte es. Mutter hatte richtig gesehen! Mutters Augen waren scharf gewesen, wenn es sich um ihre Kinder handelte. Arme Karien! Wie mochte sie erschrocken sein. Vielleicht war es immer noch besser, dabeizusein und alles mitzumachen, als hinterher davon zu erfahren und nichts tun zu können. Ohne daß Gerry es merkte, tropften ein paar Tränen auf ihre Hand. Schwester Franziska, die es sah, wandte den Kopf ab. Sie sagte nichts. Sie brauchte auch nichts zu sagen. Auch ohne das wußte Gerry jetzt, daß sich alles geändert hatte. Immer, wenn sie Kummer oder Schwierigkeiten gehabt hatten, war Mutter es gewesen, die getröstet und geholfen hatte. Jetzt, da das Schlimmste, was geschehen konnte, geschehen war, gab es niemanden mehr, bei dem sie hätte Zuflucht suchen können. Jetzt waren es die anderen, die sich auf sie stützen mußten ...

Die Schwester war aus dem Zimmer gegangen. Gerry

saß allein, das Tablett noch unangerührt vor sich. Ihre linke Hand lag noch in der Schlinge. Der ungewohnte Druck auf ihrer Schulter störte sie. Sie versuchte, den Arm mit dem Ellenbogen auf den Tisch zu legen, und machte sich gehorsam an die Butterbrote. Aber es gelang ihr nicht, mehr als ein kleines Stück durch die Kehle zu bekommen. Sie saß da noch, als Schwester Franziska wieder hereinkam.

„Ihr Schwager ist da, Gerry. Sind Sie fertig?"

„Ich kann nicht essen, Schwester", sagte Gerry. „Lassen Sie nur, das geht vorüber", fügte sie fast ungeduldig hinzu, als die Schwester widersprechen wollte. Dann stand Theo plötzlich in der Türöffnung. Sie sprang auf.

„Theo!" rief sie erschrocken. Er sah so fremd und müde aus. Sein Gesicht war grau vor Schlaflosigkeit, und es lagen dunkle Ringe unter seinen Augen. Sie flog auf ihn zu, und er fing sie mit seinen Armen auf. „Oh, Theo!" stöhnte sie und preßte das Gesicht an seine Schulter.

„Still, nur still", sagte er leise, als ob er zu einem kleinen Mädchen spräche. Er streichelte ihr übers Haar. Aufs neue kamen ihr die Tränen. Aber sie beruhigte sich so schnell, wie der Ausbruch gekommen war. Beschämt wischte sie sich die Augen. Einen Augenblick lang hatte sie Hilfe gesucht bei jemandem, der stärker war als sie. Aber unvermittelt hatte sie gefühlt, daß sie das nicht tun sollte. Hatte Theo nicht genug mit seinen eigenen Sorgen? Um Karien vor allem? Ein Blick in sein zerfurchtes Gesicht sagte ihr genug. Etwas verlegen stand sie neben ihm.

„Geht es dir besser?" fragte er und sah sie forschend an.

„O ja, bis auf das hier", sagte Gerry, sich schnell ein paar Tränen abwischend und auf ihre verbundene Hand weisend.

„Tut es noch weh?" fragte er ungeschickt. Er versuchte, ungezwungene Worte zu finden. Sie verneinte kopfschüttelnd. Dann fragte er, mit nervöser Bewegung auf seine Uhr sehend:

„Bist du fertig, Gerry? Ich möchte am liebsten gleich zurückfahren. Ich lasse Karien nicht gern allein, weißt du."

„Ich komme schon", sagte Gerry schnell.

„Haben Sie Ihren Mantel?" fragte Schwester Franziska. Sie ging zum Schrank und nahm ihn heraus. Alles, was Gerry gestern abend bei sich gehabt hatte, war darin verwahrt. Während die Schwester ihr in den Mantel half, sagte sie freundlich:

„Bleiben Sie tapfer, Gerry. Und versuchen Sie an das zu denken, was ich Ihnen vorhin gesagt habe. Über den Willen Gottes, wissen Sie."

„Ich werde es versuchen, Schwester", versprach Gerry flüsternd. „Und danke für alles. Für alles! Vor allem..." Sie brach ab. Sie wußte nicht recht, was sie noch sagen sollte. Aber das war auch nicht nötig. Schwester Franziska verstand sie auch so. Sie drückte ihr fest die Hand. „Gott segne Sie!" sagte sie. Diese letzten Worte klangen noch in Gerry nach, als sie, ohne sich noch einmal umzusehen, hinter Theo herging. Nach draußen. In eine kalte, traurige Welt hinein.

Der dritte Tag

„Hier ist der Brei für Leonieke", sagte Gerry. Sie brachte das Tellerchen mit Brei, das Resi in der Küche zurechtgemacht hatte, mit ins Wohnzimmer, wo Karien ihre kleine Tochter badete. Gerry trug den Teller in der rechten Hand. Die linke hatte sie noch immer in der Schlinge. Sie fühlte sich zwar noch ziemlich behindert, aber es ging doch schon besser als am ersten Tag.

„Ach, setze es doch eben hin! Ich bin noch nicht ganz mit ihr fertig", sagte Karien. „Sie ist so schrecklich lebhaft", seufzte sie und strich sich mit müder Handbewegung über die Stirn.

„Geht's dir nicht gut?" fragte Gerry besorgt. „Du mußt es mir sagen, wenn es dir zuviel wird."

„Doch, doch", erwiderte Karien. „Ich fühlte mich heute morgen nur etwas zerschlagen."

„Soll ich eben...?" bot Gerry sich sogleich an, hielt dann aber inne. Sie konnte es mit der Hand ja gar nicht. „Aber ich kann ihr ganz gut gleich ihren Brei geben", sagte sie dann. „Geh du doch nach oben und lege dich noch etwas aufs Bett. Du siehst elend aus."

„Das tät' ich eigentlich ganz gern", sagte Karien. „Gerade heute", fügte sie zögernd hinzu, „wo Mutter..."

„Du kannst doch nichts dafür", sagte Gerry. Sie fühlte Tränen kommen. Das passierte ihr in den letzten Tagen dauernd. Sie wandte ihr Gesicht ab und machte sich geschäftig daran, die kleinen Kleidungsstücke für Leonieke zusammenzusuchen. „Versuche doch noch etwas zu schlafen. Wir brauchen nicht vor Viertel vor zehn aufzubrechen."

Karien zog Leonieke das Kleidchen über den Kopf und knöpfte es zu. Dann nahm sie die Bürste und begann das kurze, glänzende Haar zu bürsten. Aber Leonieke wand sich aus ihren Händen und ergriff Besitz von der Seife. Krähend hielt sie sie hoch. „Sie ist so ein kleines Goldstück", sagte Karien nachgiebig, „aber im Augenblick natürlich etwas anstrengend."

„Laß nur", lächelte Gerry. „Setze sie in ihr Stühlchen, dann gebe ich ihr ihren Brei schon." Sie ist die einzige, die keinen Kummer hat, dachte sie im stillen. Bei Leonieke konnte man sogar vergessen, was geschehen war.

Karien setzte das kleine Ding ins Stühlchen und schnallte das Geschirrchen fest. Sie mußte ordentlich festgebunden sein, sonst ließ sie sich sofort aus dem Stühlchen herausrutschen. Laufen konnte sie noch nicht, aber um so besser kriechen. Dabei war sie wieselflink.

„Nun, dann verziehe ich mich ein wenig", sagte Karien, als sie sah, daß Gerry mit dem Füttern begann. Leonieke sperrte eifrig ihr Mündchen auf und brauchte sie im Augenblick nicht. „Resi räumt dann das Badezeug gleich weg."

„Ja, ja, geh du nur nach oben!" sagte Gerry herzlich. „Ich rufe dich schon rechtzeitig." Das würde wohl kaum nötig sein, dachte sie. Karien würde doch nicht schlafen können.

Es waren sehr bedrückende Tage für sie alle gewesen, dachte Gerry, während sie einen Löffel Brei nach dem anderen in das hungrige Mündchen steckte. Als sie einmal den Löffel sinken ließ, protestierte die Kleine energisch, und Gerry mußte wieder lachen. Leonieke war bezaubernd. Sie allein hatte diese Tage für alle erträglich gemacht.

Gerry erinnerte sich daran, wie sie vor zwei Tagen mit

Theo völlig gebrochen hier ins Haus gekommen war. Diesen Augenblick würde sie niemals vergessen. Als sie ankamen, saß Karien am Fenster. Theo öffnete die Tür, und Gerry ging schnell ins Haus. Im Zimmer stand Karien, die Arme reglos wie eine Tote herabhängend und so erschüttert, daß sie überhaupt niemanden richtig sah. Gerry flog auf sie zu und legte ihr den freien Arm um den Hals. Zusammen weinten sie unaufhaltsam. Theo stand daneben und sagte nichts. Was hätte er auch sagen sollen?

Als Gerry schließlich aufblickte, sah sie Fons, der halb liegend auf dem Sofa saß, das verletzte Bein ausgestreckt. Sein Gesicht war der Wand zugedreht, und sie sah, wie er krampfhaft schluckte. Dieses tapfere Bemühen, sich zusammenzunehmen, gab ihr ihre Selbstbeherrschung zurück. Sie ließ Karien los und setzte sich auf einen Stuhl. Und während sie mit dem Handrücken die Tränen abwischte, sagte sie:

„Ich bin ja so froh, bei euch zu sein. Vincent ist außer Gefahr. Und auch mit Vater ist der Arzt zufrieden."

„Gott sei Dank", seufzte Karien, „und wie ist es mit dir Gerry?"

„Mit mir?" fragte Gerry und sah erstaunt auf ihre Hand. Richtig, sie selbst hatte ja das Handgelenk gebrochen. „Oh, mir geht es gut", sagte sie gleichmütig.

Damit waren die schwierigsten Minuten überwunden. Die Augenblicke, in denen man nicht weiß, was man sagen soll, da ja eigentlich jedes Wort den anderen weh tun muß, da man sich den anderen gegenüber fast fremd fühlt, weil man mit etwas Schwerem fertig werden muß und sich um Jahre gealtert fühlt. Danach war es nur noch verzweifelt traurig gewesen, ein Dutzend notwendiger Dinge zu regeln. Theo hatte das zwar alles gemacht, aber sie hatten es schließlich mit ihm besprechen müssen: die Versicherungen, Mutters Begräbnis, Telefongespräche mit dem Krankenhaus in Culemborg, verschiedene geschäftliche Angelegenheiten, die Anzeigen in der Zeitung und die Todesanzeigen. Einige Leute hatten über Vaters plötzlichen Krankenhausaufenthalt unterrichtet werden müssen. Theo war beim Pastor gewesen, und der hatte sie vom anderen Ende der Stadt her besucht. Das hatte ihnen gutgetan. Es kamen natürlich auch viele Freunde und Bekannte, um sie zu trösten.

Mitten in all dieser Unruhe des ersten Tages hatte Gerry sich plötzlich an Rinie erinnert. Rinie, die sie am Abend erwartet hatte und die vergebens auf sie gewartet haben würde. Sie mußte ihr Bescheid sagen! Aber sie hatte einfach nicht die Kraft dazu. Am liebsten hätte sie alles laufen gelassen. Ach, wenn man doch ruhig hierbleiben und alles außerhalb des Hauses vergessen könnte! dachte sie dann. Warum war mit diesem unbarmherzigen Tod nicht alles vorüber? Warum waren da unausweichlich so viele nüchterne, kalte Dinge zu erledigen?

Aber am Nachmittag hatte Gerry schließlich doch den Telefonhörer aufgenommen. Sie wußte, daß Rinie montags nach drei keine Vorlesungen mehr hatte. So konnte sie damit rechnen, daß sie zu Hause war.

Mit klopfendem Herzen horchte sie auf das Rufzeichen, und während sie wartete, überlegte sie, was sie sagen sollte.

Frau van Voorne meldete sich, und Gerry fragte nach Rinie. Es war eine sehr erstaunte Rinie, die kurz darauf an den Apparat kam.

„Gerry? Was ist denn los mit dir? Ich hab' gestern abend bis elf Uhr auf dich gewartet. Und als du heute morgen noch nicht kamst, hab' ich bei euch zu Hause angerufen, aber es meldete sich niemand. Ist irgend etwas?" schloß sie hörbar beunruhigt, als ob sie fühlte, daß etwas nicht stimmte.

„Es ist auch niemand zu Hause", war das einzige, was Gerry zunächst geantwortet hatte. Und als Rinie erstaunt schwieg: „Wir — wir haben gestern abend auf dem Weg nach Utrecht einen Unfall gehabt, Rinie."

„Einen Unfall?" Rinie erschrak. „Doch hoffentlich nichts Ernstes?"

„O doch, Rien", brach es aus Gerry hervor. „Es ist furchtbar!" Sie konnte nichts mehr sagen. Und auf Rinies ängstliches: „Aber was ist denn? Sag doch etwas, Gerry!" konnte sie nur mit unverständlichem Gestammel antworten. Theo, der neben ihr stand, hatte dann den Hörer genommen und ruhig alles berichtet. Gerry selbst war nach oben ins Gästezimmer gelaufen, in dem sie in diesen Tagen wohnte, und hatte sich ausgeweint. Den Kopf in die Kissen gedrückt, hatte sie sich, zum erstenmal wirklich allein, gehen lassen können. Ihre ganze Verlassenheit und Hilflosigkeit hatte sie aus sich herausgeschluchzt. Erst jetzt war ihr so richtig klargeworden, wie sehr doch von diesem Augenblick an alles anders geworden war. Ratlos hatte sie auf ihrem Taschentuch herumgebissen, weil sie Mutter nicht mehr sehen würde, nie mehr; wegen Vater, der im Krankenhaus lag, bewußtlos, lebensgefährlich verletzt, ihr großer, starker Vater. Wegen Karien, die so blaß und niedergeschlagen aussah, gerade jetzt, da sie ein neues kleines Menschenleben in sich trug und doch eigentlich nur froh und glücklich sein sollte. Aber Karien hatte Theo! Den guten Theo, der mit verschlossenem Gesicht alles tat, was getan werden mußte. Und wegen Fons, der so tapfer und schweigend alles ertrug. Ihr Herz schmerzte unerträglich beim Gedanken an sie alle, die sie liebte. Es war, als ob sie noch nie gewußt hatte, wie sehr!

Niemand war zu ihr heraufgekommen. Die anderen hatten sie weinen lassen, so lange, bis sie schließlich todmüde war und keine Tränen mehr hatte. Es begann bereits zu dämmern, als sie sich auf der Kante ihres Bettes sitzend wiederfand. Ihre Augen brannten, und sie merkte, daß sie fror. Sie zitterte etwas. Plötzlich sehnte sie sich danach, bei den anderen zu sein, aus diesem unpersönlichen Zimmer heraus. Es kam ihr so kalt und fremd vor. Sie wusch das Gesicht und ging dann langsam nach unten. Leise ging sie ins Wohnzimmer, wo sie Karien und Fons fand. Theo war weggegangen. Fons las in der Zeitung. Er lächelte vor sich hin, so, wie er es oft tat, wenn er in einen Artikel vertieft war. Karien saß am Fenster und stickte an einem Kleidchen für Leonieke, die aus allem herauswuchs.

Sie sagten nichts, und Gerry hockte sich neben das Ställchen und spielte etwas mit Leonieke, die über die unerwartete Spielgefährtin sichtlich begeistert war. Gerry baute ihr aus Plastikklötzchen, die ineinanderpaßten, einen Turm. Leonieke hatte mit größter Aufmerksamkeit zugesehen und dann mit weit ausholender Bewegung ihrer noch unsicheren Händchen alles wieder umgeworfen. Sie hatte einen Mordsspaß dabei, und sie alle mußten über das kleine Ding lachen. Gerry fühlte, während sie den Turm wieder aufbaute, Kariens und Fons' Augen auf sich gerichtet. Sie tat, als ob sie es nicht bemerkte, und so wurde ihr Spiel mit Leonieke ein Spiel für sie alle. Es heiterte sie alle auf, das unbekümmerte, fröhliche Lachen des Kindes.

Das war auch gestern, dem zweiten dieser schweren

Tage, der Fall gewesen. Leonieke war, ohne es selbst zu wissen, für sie alle ein Halt gewesen ...

Der Teller war leer. In Gedanken versunken, kratzte Gerry das letzte bißchen Brei zusammen und stellte den Teller dann auf den Tisch. Leonieke protestierte. „Hast du noch nicht genug, du kleiner Vielfraß?" lächelte Gerry, wie immer verliebt in das kleine Wesen. Sie wischte den kleinen Mund mit dem Lätzchen ab. Aber das Kleine war jetzt doch zufrieden. „Tja, und jetzt kann ich dich nicht einmal aus dem Stuhl holen und ins Ställchen setzen", sagte Gerry. Das kleine Mädchen sah sie an, als ob sie es verstände, und fing an, in ihrer eigenen Sprache mit ihr zu reden. Mit den unverständlichen Lauten schien sie wirklich etwas sagen zu wollen. „Das wird Resi gleich tun müssen", erklärte Gerry ihr weiter. Sie sah auf die Uhr. Es war neun. Was sollten sie dreiviertel Stunden lang tun? Ziellos trat sie ans Fenster. Sie sehnte sich danach, daß endlich alles vorüber sei. Andererseits aber sollte auch das, was gleich geschehen würde, geschehen mußte, noch fern sein — Mutters Begräbnis.

Natürlich mußte es sein. Es war der letzte Dienst, den sie der irdischen Hülle erweisen konnten. Aber ihr kam es vor, als ob erst dadurch alles unwiderruflich würde. Als ob sie erst dadurch ganz von ihnen ging. Sie sah Mutter vor sich, so, wie sie sie gestern noch gesehen hatte. Sie und Fons waren mit Theo und Karien am Nachmittag nach Culemborg gefahren. Vor allem, um Vater zu sehen, der zu Bewußtsein gekommen war. Aber als sie zu ihm kamen, hatte er starke Schmerzen. Er konnte nicht mit ihnen sprechen, erkannte sie aber doch. Sie waren nicht lange geblieben, denn es war sowohl für Vater als auch für sie ziemlich anstrengend gewesen. Später hatten sie auf dem

Gang noch den Arzt gesprochen, der ihnen sagte, daß er noch immer nicht ganz sicher sei, aber doch begründete Hoffnung habe, daß Vater wiederhergestellt werde. Vater wußte noch nichts von Mutter. Niemand hatte es ihm bisher sagen können. Es würde entsetzlich sein, wenn er es hörte, dachte Gerry. Sie war, was Vater anging, völlig ratlos, aber im Augenblick war gar nichts zu machen.

Sie waren auch bei Vincent gewesen. Der lag noch immer ganz flach, ohne Kopfkissen, und sah noch sehr blaß aus. Aber er war doch sehr froh, sie alle zu sehen.

„Wo sind Vater und Mutter?" fragte er sofort. Und Theo antwortete für sie alle, daß sie nicht kommen könnten, weil sie auch beide verletzt seien und im Bett lägen. Gerry durfte Vincent nicht ansehen, als Theo das sagte.

Vincent sah sie forschend an, und es schien, als begriffe er es nicht ganz, aber er gab sich mit der Antwort zufrieden. Er konnte sich an das Geschehene überhaupt nicht erinnern. Sie durften nicht lange bleiben, denn das Sprechen fiel ihm noch schwer. Das war auch für sie besser. Sie waren froh, daß sie ihn gesehen hatten und wußten, daß es ihm gutging.

Nach diesen beiden Besuchen hatten sie noch zögernd zusammengestanden. Fons stützte sich auf Theos Arm.

„Gehen wir — noch eben..." hatte Karien zögernd begonnen. Sie hatten alle drei sofort begriffen, was sie sagen wollte. Theo hatte sie besorgt angesehen und gesagt:

„Wird dir das auch nicht zuviel werden, Kindchen?"

Gerry sah, wie Karien die Tränen über die Wangen liefen, als sie flüsterte:

„Ich muß doch — von ihr Abschied nehmen."

„Aber du mußt auch an dich selbst denken", sagte Theo. „Du darfst dich nicht aufregen."

„Es wird mich überhaupt nicht aufregen", erwiderte Karien noch leiser. „So aber könnte ich es nicht ertragen."

Theo hatte Gerry fragend angesehen, und die hatte unmerklich genickt. Sie verstand, daß Karien nicht anders fühlte als sie selbst. Noch einmal, ein allerletztes Mal, wollte sie Mutter sehen. Sie fühlte sich unwiderstehlich zu ihr hingezogen.

Ohne noch weiter darüber zu sprechen, waren sie zu der Totenkammer gegangen. Still waren sie nacheinander neben den Sarg getreten, an dessen Kopfende drei Kerzen brannten. Wortlos hatten sie Abschied genommen von der stillen Toten. Karien liefen die Tränen unaufhaltsam übers Gesicht, aber niemand achtete darauf. Gerry konnte ihren Blick nicht vom Gesicht der Mutter wenden. So schön sah sie aus und so friedlich! Der Verband um ihren Kopf verbarg die Wunde, die der Tod geschlagen hatte, ließ aber ihr Gesicht, das zu lächeln schien, frei. Gerry konnte sich noch immer nicht vorstellen, daß sie Mutter nun zum letztenmal sah. Nie mehr! Nie mehr! hämmerte es unaufhörlich in ihrem Kopf, ohne deswegen zur Wirklichkeit zu werden.

Schließlich lösten sie sich von dem Totenbett. Theo hatte Kariens Arm genommen und sie auf den Gang hinausgeführt. Gerry folgte mit Fons, der mit seinem Gipsbein neben ihr herhumpelte. Als sie den Raum verließ, bemerkte sie eine alte Schwester, die reglos in einer Ecke saß und betete. Sie blickte nicht auf, als sie an ihr vorübergingen. Es erschütterte sie, dies Bild der still betenden Schwester in der vergessenen Ecke dort. Sie fühlte ein bohrendes Schamgefühl in sich, weil sie selbst noch kaum gebetet hatte. Sie hatte sich einfach nur unglücklich gefühlt. Sie konnte es nicht. Sie konnte ihre Gedanken einfach nicht sammeln. Sie konnte noch nicht erkennen, wozu dies alles hatte gut sein sollen. Es hatte sie alles so verstört, daß sie völlig durcheinandergeraten war. Gleichzeitig aber erschien ihr ein wunderbares Bild von der Gemeinschaft der Heiligen: die Lebenden, die für die Toten beten, auch wenn sie die Toten nicht kennen. Dieser Gedanke ließ sie nicht los, und sie fühlte einen schwachen Trost.

An all dies dachte sie, während sie, ohne etwas wahrzunehmen, am Fenster stand. Und gleich würden sie Mutter zur Kirche bringen. Karien und sie gingen allein zur Kirche. Theo war zusammen mit Fons heute morgen nach Culemborg gefahren. Er hatte erst nicht gewollt, daß Fons mitkam, um hinter dem Leichenwagen her zur Pfarrkirche zu fahren. Er war, fand Theo, zu jung und hatte außerdem in den letzten Tagen selbst genug mitgemacht. Aber Fons wollte es unter allen Umständen. Da Vater immer noch nicht aufstehen konnte und Vincent auch nicht, waren sie die einzigen der Familie, die Mutter begleiten würden. Es war also nicht viel dagegen einzuwenden gewesen, und so war auch Theo damit einverstanden. Fons war in diesen Tagen so tapfer gewesen. Gerry hatte sich darüber gewundert. Es schien, als ob er in ein paar Stunden um Jahre älter geworden wäre. Gerry machte sich Sorgen um ihn; es war unnatürlich.

„Ich soll Leonieke eben ins Ställchen setzen, Fräulein Gerry", sagte Resi. „Und kann ich dann alles aufräumen?"

„Ach, ja, ja — schon gut", sagte Gerry zerstreut. Resi band Leonieke los und redete mit ihr, während sie sie ins Ställchen setzte.

„Es ist aber schlechtes Wetter für ein Begräbnis, nicht wahr?" sagte sie treuherzig hinter Gerrys Rücken. Gerry wandte sich mit traurigem Lächeln um. Es klang so trübselig, und es war so gut gemeint. Resi sagte es so herzlich, um damit ihr Mitgefühl zum Ausdruck zu bringen.

„Ja, es ist November", sagte Gerry unverbindlich. „So, ich werde mich jetzt umziehen gehen. Gleichzeitig sehe ich mal nach, ob es meiner Schwester etwas besser geht."

„Geht es ihr nicht gut?" fragte Resi erschrocken.

„Sie ist nicht richtig krank", beruhigte Gerry sie, „aber es ist für sie natürlich ein besonders schrecklicher Schlag, nicht wahr?"

„Natürlich", erwiderte Resi und machte sich ans Aufräumen. Offensichtlich wußte sie in dieser Lage auch keinen Trost. Gerry überließ sie sich selbst. Sie wollte fort, und Leonieke wußte sie in bewährten Händen. Sie ging aus dem Zimmer und stieg langsam die Treppe hinauf. Oben klopfte sie leise an die Tür zu Kariens Zimmer. Aber Karien lag nicht mehr im Bett.

„Ich konnte einfach nicht liegen bleiben", sagte sie. Sie war damit beschäftigt, die Sachen von Theo fortzuräumen. „Ist es noch nicht an der Zeit?"

„Ja, bald müssen wir wohl weg", sagte Gerry. „Es wird vielleicht besser sein. Soll ich eben ein Taxi anrufen?"

„Ach ja", sagte Karien. Sie griff sofort nach ihrem dunklen Wintermantel und dem Hut, als ob sie froh sei, daß sie nun endlich etwas tun konnte. Gerry telefonierte nach einem Taxi und zog sich dann auch an. Als dann etwas später ein Wagen vorfuhr, sah Karien noch eben schnell ins Wohnzimmer, doch es war alles in Ordnung; zusammen gingen sie hinaus. Es war ein ganzes Stück Weges bis zur alten Pfarrkirche, aber mit dem Wagen waren sie schnell dort. Dank des frühen Aufbruchs konnten sie ruhig ihre Plätze aufsuchen, ohne von neugierigen

Augen gestört zu werden. Es waren schon einige Menschen da, Freunde und Verwandte, eine Nichte von Mutter.

Als die Angehörigen zu zweit durch den Mittelgang nach vorn gingen, sah Gerry im Hintergrund zwei Menschen sitzen. Sie erschrak fast, als sie sie erkannte: Es waren Rinie und André Lesberg.

Gerry war erstaunt, sie zu sehen, und auf ihrem Platz dachte sie immer wieder daran. Wie nett, daß sie gekommen waren. Vor allem Andrés Kommen überraschte sie. Sie hatte mit ihm doch nur gemeinsam, daß sie an derselben Universität studierten. Wie sollte es nun eigentlich weitergehen? schoß es ihr plötzlich durch den Kopf. Da sie ihre Freunde dort sitzen gesehen hatte, dachte sie wieder an das gewohnte tägliche Leben. Und das schien ihr plötzlich so fern und so fremd. Sie würde wieder nach Utrecht gehen, zu den Vorlesungen, und mit Rinie zusammen in ihrem gemeinsamen Zimmer lernen, zur „Veritas" zu den Zusammenkünften und Festen. Aber wann...?

Ihre Gedanken wurden durch eine gedämpfte Unruhe im Hintergrund der Kirche unterbrochen. Die große Flügeltür wurde geöffnet. Sie sind da, schoß es ihr durch den Kopf. Sie mußte alle Willenskraft aufbieten, um sich nicht umzudrehen, um nicht zu sehen, wie Mutters Sarg, mit einem schwarzen Tuch bedeckt, in die Kirche getragen wurde. Sie wollte es nicht sehen. Sie neigte sich nach vorn und barg das Gesicht in den Händen. Sie fühlte, daß die rechts neben ihr sitzende Karien zitterte. Sie weinte... Arme Karien!

Aus der Sakristei traten die Meßdiener und danach der Pastor. Mit ernsten Gesichtern gingen sie durch den Mittelgang nach hinten. Sie hörte, wie dort hinten gebetet wurde, und dann das Schurren von Füßen. Jetzt kamen sie nach vorne! Gleich würde Mutters Sarg hier vor ihr in der Kirche stehen, fast neben ihr. Sie konnte nicht aufsehen und wollte es wegen Karien auch nicht. Sie wollte auch nicht sehen, wie Theo und Fons als die beiden einzigen direkten Angehörigen hinter dem Sarg hergingen. Onkel Jaap, Vaters Bruder, würde natürlich auch dabeisein, und die beiden Neffen, ferner Freunde und Nachbarn ...

Ohne aufzusehen fühlte sie, daß die Träger jetzt neben ihrer Bank anhielten. Sie beugte sich noch tiefer.

O Herr, ich kann es nicht ertragen! betete sie. Verzweifelt schloß sie die Augen, in denen sie die Tränen brennen fühlte. Laß es bald vorüber sein! Etwas anderes konnte sie in diesem Augenblick nicht denken. Wie schrecklich, daß Mutter nicht mehr wie sonst neben ihr auf der Bank saß, sondern daß sie dort lag, unter dem schwarzen Tuch mit dem weißen Kreuz darauf. Nein, sie wollte nicht hinschauen. Sie konnte nicht. Es war zu entsetzlich.

Die Messe begann. Ihre Andacht wurde durch den Gesang und das leise Gebet des Priesters gefangengenommen, den wehmütigen und doch so wundervollen Klängen des Requiems. Die Klage, die Bitte, die durch alle Feierlichkeit hindurchklang — so oft hatte sie es schon gehört. Aber jetzt klang es ganz anders. Es rührte, ohne daß sie es wollte, an die innersten Saiten ihrer Seele. Plötzlich konnte sie mitbeten, konnte ihren eigenen Schmerz vergessen. Mit ganzem Herzen sang sie mit, während vor ihren Augen das Licht der Kerzen in feuchtem Glanz zu beben begann: „Gib ihr die ewige Ruhe, Herr, und das ewige Licht möge ihr leuchten."

Jetzt schien es ihr erträglich. Die furchtbare Angst war vorüber. Mutter lag gut dort. Die Kirche betete für sie, für ihre ewige Ruhe. Sie wurde nicht allein gelassen in unendlicher Einsamkeit. Die Selbstverständlichkeit, mit der um das ewige Licht gebetet wurde, fesselte sie. Sie konnte jetzt auch wieder aufblicken, auf den Sarg schauen, dessen Umrisse durch das schwarze Tuch hindurch zu erkennen waren. Sie fühlte eine leise Wehmut beim Anblick dieser Umrisse, die Mutters zarten Leichnam umschlossen. Leise sprach sie aus ihrem Gebetbuch die Gebete mit, die Sprache des Vertrauens und des Trostes.

Einmal blickte sie über den Sarg hinweg. Da sah sie Fons' ernstes, frommes Gesicht. Fons, der etwas hölzern verdreht in seiner Bank sitzen mußte. Was mochte in seinem Kopf vorgehen? Wie würde er dies alles überwinden? Wieder einmal wurde sie sich schmerzlich der Tatsache bewußt, daß sie von ihrem Bruder eigentlich wenig wußte. Er war noch so jung, aber er hatte sich hinter einem Ernst und einer Selbstbeherrschung verschanzt, die für sein Lebensalter ungewöhnlich waren. Kam es daher, daß er den Zwillingsbruder vermißte? Fons mochte in diesen Augenblicken auch an Vincent denken, der verletzt in Culemborg lag und keine Ahnung hatte von dem, was hier vor sich ging, wie sie hier in der Kirche beteten, mit dem schmalen Sarg zwischen sich ...

Und Vater ...

Wieder neigte sie den Kopf und schlug die Hände vors Gesicht. Vater! Lieber Gott, hilf Vater! bat sie aus dem Grunde ihres Herzens. Eine andere Formulierung konnte sie nicht finden. Sie mußte an Vater denken, so, wie sie ihn gesehen hatte, mit vor Schmerz verzogenem Gesicht. Und er wußte das Schlimmste noch gar nicht! Das Allerschlimmste würde er später erfahren, wenn er imstande wäre, es zu ertragen. Wer aber sollte beurteilen, wann er dazu imstande war? Ist ein Mensch überhaupt jemals imstande, dies zu ertragen? Und er mußte es tragen, ohne den Trost, den sie jetzt hier empfingen, ohne das Trauergebet einer ganzen Kirche.

In diesem Augenblick waren ihr eigener Kummer und ihre Ratlosigkeit vergessen. Es ergriff sie ein unbekanntes, unbegreifliches Glücksgefühl inmitten allen Leides — ein Heraustreten aus dem eigenen Kummer —, ein Sich-selbst-vergessen-können um anderer willen. Es war etwas vollkommen Neues für sie und gab ihr ein Gefühl der stillen Freude inmitten ihrer Verzweiflung.

Die Messe war vorüber. Der Priester kam jetzt ohne das Meßgewand mit der violetten Chorkappe zum Sarg und begann den Umgang. Gerry sah mit jetzt trockenen Augen zu und betete die Gebete mit.

Aber plötzlich, als die Gebete zu Ende waren, wurde sie wieder von dem Gefühl der Ratlosigkeit überfallen. Der Chor stimmte jetzt „Im Paradiese" an. Zum Paradies geleiten dich die Engel!

Die Träger traten wieder zum Sarg. Sie schlugen das Tuch etwas hoch und faßten die Griffe. Schwer hoben sie an, und langsam gingen sie Schritt für Schritt hinaus.

Gerry sah mit weit offenen Augen zu. Sie hörte den Gesang nicht. Sie sah nur, daß der Sarg fortgetragen wurde, aus der Kirche hinaus. Sie blickte hin, bis sie, ohne sich umzusehen, nichts mehr sehen konnte. Sie sah auch, daß Theo und die anderen Männer aufstanden und dem Sarg folgten. Fons blieb mit gesenktem Kopf sitzen, ganz allein in der Bank. Sie fühlte Kariens Arm an dem ihren und verbarg das Gesicht in den Händen. Das beinahe ruhige Gefühl von eben war verflogen. Sie empfand es nicht mehr. Sie konnte nur noch denken: Jetzt ist Mutter fort.

Endgültig. Und ich kann sie doch nicht entbehren. Sie fühlte sich einsam und verlassen. Nichts war mehr geblieben von dem Vertrauen und der Erleichterung. Es war, als habe man sie im Dunkeln zurückgelassen wie ein furchtsames Kind. So fühlte sie sich. Aufschluchzend betete sie: Lieber Gott, ich kann es nicht ertragen. Vergib mir, Herr, aber ich kann es nicht ...

Die Türen der Kirche schlossen sich hinter der Toten, die man hinausgetragen hatte.

Das Leben geht weiter...

Gerry nahm mit ihrer einen Hand nacheinander die Teller aus dem Schrank und stellte sie auf den Tisch. Sehr schnell ging es natürlich nicht auf diese Weise. Karien war auf dem Wege zur Nachbarin, um Leonieke zurückzuholen. Sie hatte sie dort „zur Aufbewahrung gegeben", wie Theo das spottend nannte. Es war Sonntag, und Resi hatte frei. Sie hatten sie nicht mitnehmen wollen nach Culemborg.

Es war später geworden, als sie gedacht hatten. So wurde es höchste Zeit, daß Leonieke gefüttert und ins Bettchen gelegt wurde. Hoffentlich war sie nicht lästig geworden. Wenn sie Hunger hatte, ließ sie das stets sehr deutlich merken. So, jetzt noch die Messer und Gabeln! Für sich selbst brauchte Gerry kein Messer hinzulegen, sie konnte es nicht handhaben. Das mußte Karien noch für sie tun. Sie war wirklich ein anstrengender Gast. Jetzt noch den Hocker für Fons' Bein!

Gerry warf einen flüchtigen Blick ins Vorzimmer, wo Fons zusammengekauert in dem großen Sessel saß. Er war damit beschäftigt, in einem Geometriebuch zu blättern. Fons sollte morgen wieder zur Schule gehen, zum erstenmal seit dem Unfall. Er konnte mit seinem Gipsbein immerhin laufen, und sonst fehlte ihm nichts — warum also nicht! Aber es würde ihm bestimmt nicht gefallen am ersten Tag, noch dazu ohne seinen Zwillingsbruder. Sie waren heute morgen mit dem Wagen nach Hause gefahren und hatten das eine und andere abgeholt: Fons' Bücher und etwas zum Anziehen für ihn. Sie mußten ja vorläufig hier bleiben, denn was sollten sie zwei Invaliden sonst tun?

Es war traurig gewesen zu Hause. Auf der Schwelle des Wohnzimmers erinnerte sich Gerry plötzlich, wie sie in der vergangenen Woche Abschied genommen hatte. Sie fühlte noch deutlich die Beklemmung, die sie in diesem Augenblick empfunden hatte. Aber war das erst eine Woche her? Es schien ihr, als sei sie seit Jahren nicht zu Hause gewesen.

Sie waren nicht länger geblieben, als nötig war, um die Sachen zusammenzusuchen. Während sie alles hastig in eine Tasche packte, wurde sie schmerzlich angerührt durch einige Sachen, die so eng mit Mutter verbunden waren, daß es schien, als werde sie im nächsten Augenblick hereinkommen und das alte Leben ginge weiter.

Die hastig hingeworfene Schürze auf dem Küchenstuhl, ein aufgeschlagenes Buch auf dem Tisch neben ihrem Sessel, ihr Schlüsseltäschchen auf dem Abstelltischchen, daneben Notizbuch und Bleistift ... Ihre Augen sahen auch noch mehr Dinge, die ihr hart und schmerzlich zuriefen, daß Mutters Hand nicht mehr da war, um für alles zu sorgen: die verdorrten Blumen in der Vase auf dem Tischchen, deren Wasser Mutter noch am Sonntagabend aufgewischt hatte, nachdem Vincent sie bei seiner Cowboyspielerei umgeworfen hatte, die zusammengefallene Asche im Aschenbecher auf dem Tisch, wo Vater noch mittags gesessen und eine Zigarre geraucht hatte. Es war niemand mehr im Hause gewesen, seit sie am Sonntagabend hinausgegangen waren zu ihrer verhängnisvollen Fahrt.

Eigentlich hätte sie aufräumen sollen — aber das konnte sie nicht. Sie konnte die Sachen nicht berühren. Nach einiger Zeit vielleicht — morgen —, aber nicht jetzt! Daran dachte sie, als sie so schnell wie möglich wieder hinausging und die Tür hinter sich zuzog. Sie wußte nicht, wie es jetzt weitergehen sollte, und sie wollte auch nicht daran denken. Vorläufig sollten sie bei Karien bleiben, bis ihre Hand wieder besser war und sie nach Utrecht zurückfahren konnte. Sie fand es bei Karien sehr nett. Sie konnten sich gut unterhalten. Auch für Karien war es so besser. Sie hatte die Möglichkeit, sich auszusprechen, und kam nicht so viel zum Grübeln. Sie fühlte sich nicht besonders gut und war sehr pessimistisch. Dies alles überlegte Gerry hastig und fast gezwungen. Es war, als müsse sie sich selbst einreden, daß es so sei. Sie wollte hierbleiben. Sie wollte alles andere hinausschieben. Immer weiter hinaus, bis es nicht mehr ging . . .

Es war, wie es immer schon gewesen war. Gerry versuchte, einer Entscheidung auszuweichen. Sie fürchtete sich davor, daß die Dinge jetzt anders laufen würden, als sie es gewohnt war . . .

„Siehst du, hier ist die junge Dame", sagte Karien. Sie kam mit Leonieke auf dem Arm ins Zimmer. „Theo, stellst du bitte das Ställchen eben auf?" fragte sie, während sie sich in dem gemütlichen Zimmer umsah.

„Theo ist noch nicht da", sagte Gerry aufblickend. Theo brachte den Wagen zur Garage. Er hatte sie vor der Tür abgesetzt und war dann weitergefahren.

„Er wird schon gleich kommen", meinte Karien. Sie setzte Leonieke so lange auf den Fußboden und machte schnell ein paar Butterbrote für sie. Der Fußboden war ein Paradies für die Kleine, und sie begann auch ohne Aufenthalt ihre Entdeckungsreise.

„Paß auf, daß sie nicht in die Ecke kriecht!" warnte Karien. „Da ist die Steckdose so niedrig."

„Hierher, du kleiner Tunichtgut", lächelte Gerry und schob ihr Bein vor Leoniekes Händchen. Erst versuchte sie,

daran vorbeizukriechen, aber da das Bein mitging und es ihr nicht glückte, begann sie krähend an den Schnürsenkeln zu ziehen. „Oh, was für ein kleiner Krabbel", lachte Gerry und griff mit ihrer rechten Hand nach den grapsenden Händchen.

„So, das Abendessen ist fertig", sagte Karien und verstaute ihre kleine Tochter im Kinderstühlchen. Gerry stand daneben, sie fühlte sich etwas überflüssig, denn Leonieke aß jetzt und schenkte ihr nicht die geringste Aufmerksamkeit mehr. Sie hatte eine Zeitlang beim Spiel mit ihrer kleinen Nichte vergessen können, was geschehen war. Sie hatte vollständig ihren Kummer vergessen. Und jetzt, als sie dastand und es ihr zum Bewußtsein kam, störte es sie. Wie war es nur möglich, daß sie vergaß? Daß aus ihren Gedanken verschwand, womit sie sich eine Woche lang unausgesetzt beschäftigt hatte, was ihr ganzes Leben in den letzten Tagen vollständig ausgefüllt hatte? War es doch so, wie Schwester Franziska ihr im Krankenhaus gesagt hatte: ‚Das Leben geht weiter. Sie werden sich wieder aufrichten, Sie werden wieder froh werden.' Sie erinnerte sich auch an das, was sie darauf geantwortet hatte: ‚Ich will nicht wieder froh werden.'

Nun, da sie sich dabei ertappt hatte, daß sie, wenn auch nur für einen Augenblick, ihren Kummer vergessen konnte, sein konnte wie früher, als sie noch unbeschwert mit Leonieke gespielt hatte, kam es ihr fast wie Verrat vor, als Verrat an der Erinnerung an Mutter, an Vaters Niedergeschlagenheit.

Sie sah nicht mehr auf Leonieke, die von Karien versorgt wurde. Langsam ging sie ins Vorderzimmer und setzte sich in einen Sessel am Fenster. War sie so herzlos, daß sie so fröhlich wie sonst sein konnte — jetzt, unter diesen Umständen, noch keine Woche, nachdem das Furchtbare geschehen war? Das war abscheulich. Und was war mit Vater?

In einem jähen Umschwung der Stimmung war sie wieder zurück in der rauhen Wirklichkeit, der Wirklichkeit, die sie noch am Vormittag empfunden hatte, als sie bei ihrem Vater im Krankenhaus war. Mit ihm ging es gut aufwärts. Er befand sich nicht mehr in Lebensgefahr. Er hatte mehrere Bluttransfusionen erhalten, und sie waren ihm gut bekommen. Aber Vater wußte es jetzt... Der Arzt, der ihn behandelte, hatte ihn auf den entsetzlichen Bericht behutsam vorbereitet. Gestern hatte er ihm endlich alles erzählt. Das war auch der Grund, warum sie heute morgen so niedergeschlagen waren, als sie ihn besuchten. Er war ganz ruhig gewesen. Zu ruhig, fand Gerry. Aber seine Augen hatten einen Ausdruck gehabt, den sie zuvor noch nie darin gesehen hatte. Es war, als ob es gar nicht Vater sei, dieser fremde, stille Mann dort im Bett. Sie erkannte ihn kaum. Sie begriff, daß er trotz seines äußerlich ruhigen und gelassenen Sprechens unsagbar unter dem Geschehenen litt. Fast verängstigt hatte sie in das ihr so fremde Gesicht geblickt und nicht gewußt, wovon sie sprechen sollte. Wie gewohnt hatten sie sich unterhalten. Vater hatte nach verschiedenen geschäftlichen Angelegenheiten gefragt, und Theo hatte ihm geantwortet. Aber es war alles irgendwie unwirklich gewesen, denn hinter allem stand das furchtbare Wissen. Es war da, ohne daß es sichtbar wurde.

Sie waren ziemlich lange geblieben und hatten sich bemüht, so wie immer zu sein. Gerry verstand noch immer nicht, wie sie das fertiggebracht hatten. Als sie Vater zum Abschied küßte und aus dem Zimmer ging, fühlte sie sich wie zerschlagen, so, als habe sie den Tag über angestrengt gearbeitet, ungefähr wie früher vor einem Repetitorium.

Auch bei Vincent war es heute anstrengend gewesen. Auch ihm hatte man es nun gesagt, aber seine Reaktion war eine ganz andere gewesen. Erst hatte er es gar nicht glauben wollen, erzählte die Schwester. Und dann hatte er furchtbar geweint, so daß sie fast schon bereut hatten, es ihm gesagt zu haben. Aber das war nicht anders mehr möglich gewesen. Sie konnten nicht weiterhin behaupten, daß Mutter verletzt sei und keine Besserung einträte. So hatte er es also erfahren müssen. Sie konnten ihn doch auch nicht länger hoffen lassen, wenn es keine Hoffnung mehr gab.

Als sie ihn besuchten, hatte er sich etwas beruhigt, aber er sah so niedergeschlagen und elend aus, daß Gerry die Tränen kamen, als sie ihn ansah. Er wollte von ihr alles ganz genau wissen, bis in die kleinsten Einzelheiten, wie es geschehen war. Seine Erinnerung reichte nur bis zu dem Abendessen zu Hause, bei dem sie über den Film gelacht hatten, in dem sie am Nachmittag gewesen waren. Den Film konnte er sich noch ganz genau vorstellen, und in seinen Träumen verschmolzen die Bilder des Filmes und die von der nebligen Straße ineinander. Aber daß er selbst dabeigewesen war und den Zusammenstoß und all das andere miterlebt hatte — daran konnte er sich nicht mehr erinnern.

Als sie sich von ihm verabschiedeten, fragte er plötzlich nach Mutters Beerdigung und wie es in der Kirche gewesen und wo Mutters Grab sei. Vor allem von ihr wollte er alles genau wissen, genau wie sonst, wenn er mit seinen Fragen und Problemen zu ihr kam.

Gerry seufzte. Sie blickte auf ihre Hand, die in der Schlinge lag. Sie sah sie nicht eigentlich, sondern starrte nur forschend auf ihre Finger, die aus der dicken, weißen Umhüllung herausragten.

„Gibst du mir bitte eben mein Dreieck?" fragte Fons.

Sie schrak aus ihren Gedanken auf. „Äh — was?" fragte sie abwesend.

„Mein Dreieck", sagte Fons. „Ich hab' es fallen lassen und kann nicht heran."

„Ja, natürlich." Gerry sprang auf. Sie blieb über Fons' Schulter gebeugt stehen und sah zu, wie er mit Hilfe des Dreiecks eine Aufgabe zu lösen begann.

„Sie werden diese Woche mit den Aufgaben hier angefangen haben", meinte Fons. „De Graaf hat gerade am Sonnabend diese Hypothesen besprochen. Ich versuche jetzt, damit klarzukommen. Sonst hinke ich so hinterher." Er zeichnete ein Dreieck mit einem Winkel von 45 Grad und begann die Möglichkeiten zu überlegen. Zerstreut sah Gerry zu. Fons war fest entschlossen, das gewohnte Leben wieder aufzunehmen, dachte sie. Wie tapfer er doch war! Tapferer als sie...

Sie hörte Geräusche im Flur. Die Tür des Hinterzimmers wurde geöffnet, und Theo schob das zusammengeklappte Ställchen herein.

„Oh, fein, daß du es mitgebracht hast!" sagte Karien erfreut.

„Ja, es fiel mir ein, daß es noch dort war", sagte Theo. „Ist unser kleines Mädchen artig gewesen?"

„Angeblich ja", lächelte Karien. „Aber das sagen andere Leute immer, auch wenn sie weint."

„Sie ist ja auch niedlich, selbst wenn sie weint", sagte Theo und tätschelte im Vorbeigehen Leoniekes runde Bäckchen. Aber Leonieke ließ sich von ihrem Butterbrot, das sie schon fast ganz aufgegessen hatte, nicht ablenken.

Geistesabwesend blickte Gerry auf das Dreieck. Sie fühlte sich plötzlich fast fremd hier, jetzt, da alles wieder seinen gewohnten Gang zu gehen schien. Das war ja auch richtig so, hielt sie sich selbst vor. Aber warum konnte sie es nicht? Sie blickte zu Theo und Karien hin, die ihren täglichen Alltag mit Leonieke wieder lebten. Sie sah auf Fons, der in seine Schularbeiten vertieft war, so, als sei überhaupt nichts geschehen. Und sie? Sie fühlte sich beinahe schuldig, weil sie vorhin ihr Leid für kurze Zeit vergessen, weil sie mit Leonieke gespielt und gelacht hatte. Was sollte sie tun? Sollte sie ihre Studien wieder aufnehmen? Aber sie hatte ja keine Bücher hier. Und ohne Laboratorium konnte sie auch nicht arbeiten. Darum würde sie nach Utrecht fahren müssen. Nein, das gerade wollte sie noch nicht: sich wie gewohnt mit Rinie unterhalten und albern sein — zwischen Menschen leben, die dies alles nicht mitgemacht hatten ...

„So, wenn die junge Dame fertig ist, dann sofort mit ihr ins Bett, ich hab' auch Hunger", sagte Theo.

„Ja, ich bringe sie jetzt gleich weg", lächelte Karien. „Schneide nur schon eben Brot. Das kann Gerry mit ihrer Hand noch nicht."

„Okay", sagte Theo und ging zur Küche, um das Brotbrett und das Brot herbeizuholen.

Karien zog Leonieke aus und das Nachthemdchen an. Das Kind war inzwischen müde geworden und ließ sich gern helfen. Dann machte sie auf dem Arm ihrer Mutter die gewohnte Runde, um der Tante und dem Vater den üblichen Gutenachtkuß zu geben, wobei ausgelassene Scherzchen gemacht wurden. Gerry machte natürlich auch mit. Man konnte doch so einem Kind gegenüber nicht ernst und bedrückt sein.

Aber irgendwie fühlte sie sich unbehaglich, als ob sie nicht dazugehörte, als ob sie sich der stillschweigenden Vereinbarung, das Leben weitergehen zu lassen, nicht anschließen könne. Darüber war sie sich seit ihrer Rückkehr aus Culemborg klargeworden. Jetzt, da Vater genas und es auch mit Vincent gut voranging, jetzt, da es kein Geheimnis mehr gab, sondern nur noch die harte Wirklichkeit, der sie ins Auge zu sehen hatten, mußte alles wieder wie gewohnt laufen. Genau so, wie Schwester Franziska es vorhergesagt hatte... Jeder schien das zu begreifen, nur sie nicht...

Bei Tisch unterhielten sie sich wie üblich: daß Vater in ein paar Wochen nach Hause kommen würde. Und daß Theo im Laufe dieser Woche verschiedene geschäftliche Dinge mit ihm werde besprechen müssen. Und wie es mit Vincent weitergehen solle — ob er vielleicht in der Lage sein würde, stundenweise wieder zur Schule zu gehen. Gerry redete nicht mit. Sie hörte nur zu. Sie wunderte sich, daß niemand etwas über Vaters Niedergeschlagenheit sagte, die doch so deutlich zu sehen gewesen war. Wollten sie sie nicht sehen?

Sie selbst sprach auch nicht darüber. Sie hätte es auch nicht gekonnt. Denn sie fand noch immer keine Worte dafür. Aber sie konnte auch über die anderen Dinge nicht sprechen. Gab es das gewohnte Leben einfach nicht für sie, solange die andere Wirklichkeit bestand?

„Komm, iß, Gerry", sagte Karien herzlich und schob ihr den Brotkorb zu. „Warte, ich streiche dir schnell eine Scheibe. Was willst du darauf haben?"

„Nein, danke, ich möchte nichts mehr", sagte Gerry.

„Ach, komm, von der einen Scheibe, die du gegessen hast, kannst du doch nicht leben", meinte Karien.

Gerry war zwar anderer Ansicht, aber sie sagte nichts, um sich nicht von den anderen so abzusondern. Sie würde ihr Spiel mitspielen...

„Dann mache mir noch eins mit Marmelade", sagte sie lächelnd. „Schließlich arbeite ich ja nicht — daran mußt du denken", fügte sie mit gezwungenem Lächeln hinzu.

„Das wird schon wieder werden", sagte Theo ernst. Gerry mußte ihn ansehen, als er dies sagte. Meinte er etwas Bestimmtes damit? Bah, wie überempfindlich sie doch war! Hinter jedem Wort, das die anderen sagten oder auch nicht sagten, vermutete sie etwas. Mit langen Zähnen biß sie in ihr Butterbrot, das Karien mütterlich dick mit Marmelade bestrichen hatte. Als ob sie ein kleines Kind wäre, das mit leckeren Bissen zum Essen gebracht werden mußte. Gerade durch diese kleine Unterbrechung lief sich die Unterhaltung fest. Jeder war mit seinen eigenen Gedanken beschäftigt. Die stillschweigende Übereinkunft schien mißlungen zu sein.

Sie waren froh, als sie fertig waren und den Tisch abräumen konnten.

„Wir lassen die paar Teller ruhig stehen", sagte Karien, während sie die Tassen und Teller in einer Ecke der Anrichte aufstapelte. „Das kann Resi morgen machen. Komm, wir setzen uns noch ein bißchen gemütlich an den Kamin. Das wird uns bestimmt guttun."

Verwundert sah Gerry auf. Es war in Kariens Stimme ein Klang gewesen, der sie aufmerken ließ. Zufällig fing sie einen Blick auf, den Theo Karien zuwarf, so, als hätten sie verabredet, was nun gemacht werden solle. Die stillschweigende Verabredung, alles beim Gewohnten zu belassen, schien doch nicht so stillschweigend zu sein, fühlte Gerry plötzlich. Gleichzeitig kroch ein unbehagliches Gefühl in ihr hoch, daß da noch etwas anderes war. Irgend etwas, von dem sie bereits eine unbestimmte Ahnung gehabt hatte, was ihr aber überhaupt noch nicht zum Bewußtsein gekommen war.

Theo schob ein paar Sessel an den Kamin, und Gerry setzte sich. Fons sagte, er bliebe lieber am Tisch sitzen. Er wollte noch etwas arbeiten. Karien nahm ihre Stickerei, und Gerry sah nachdenklich auf die sich flink bewegenden Hände.

Es war jetzt genau eine Woche her. Vorige Woche um diese Zeit war noch nichts geschehen. Da waren sie noch eine glückliche, unbesorgte Familie gewesen. Sie war ein Mädchen, das fröhlich und ohne Sorgen leben konnte, wie es ihr gefiel. Sie hatte alles, was sie wollte. Ein schönes Zuhause, nette Freunde, ein Studium, das ihr lag, hübsche möblierte Zimmer, kurzum alles, was sie glücklich machte. Vorige Woche um diese Zeit war es noch so. Und wie sah jetzt alles anders aus.

„Ja, es ist für uns alle eine schwere Woche gewesen", sagte Theo, während er sinnend auf den Kopf seiner Pfeife blickte. Er hatte sie gerade angezündet. Es gab so ein Gefühl der Ruhe, ihn da mit der Pfeife sitzen zu sehen. Gerry empfand es anders. Es würde nicht sehr gemütlich werden. Theos Worte gingen ihr durch den Kopf.

„Ja", sagte sie, während Karien eifrig weiterstickte und ganz vertieft in das Muster zu sein schien.

„Wir werden noch darüber sprechen müssen, wie es nun weitergehen soll", begann Theo wieder. Karien sah flüchtig zu Gerry hin und dann wieder hastig auf ihre Stickerei.

„Weitergehen soll?" fragte Gerry verwundert. Sie sah drein, als habe sie die Frage nicht verstanden. Das tat sie auch nicht, wenigstens nicht in ihrem vollen Ausmaß. Sie

empfand nur wieder Unbehagen, Furcht vor einer noch unbekannten Drohung.

„Ja — ich meine..." sagte Theo zögernd. Er drückte mit dem Ende seines Füllhalters den Tabak in seiner Pfeife etwas fester. Gerry sah ihn jetzt aufmerksam an. Beinahe furchtsam sah sie auf sein Gesicht und wartete atemlos auf das, was noch kommen würde.

„Wir müssen uns überlegen, wie es nun zu Hause werden soll", fuhr Theo fort. Er schien erleichtert zu sein, als das endlich gesagt war. Karien ließ ihre Arbeit sinken. Auch Fons am Tisch sah von seiner Zeichnung auf. Gerry öffnete den Mund, um etwas zu erwidern, aber kein Wort kam über ihre Lippen.

Karien sagte sanft: „Ja, es wird etwas schwierig werden."

Gerry blickte von einem zum anderen, begriff aber noch immer nicht, was sie eigentlich wollten.

„Wenn es mit Vater weiter so aufwärtsgeht, wird er wahrscheinlich in etwa drei Wochen nach Hause kommen können und Vincent vielleicht noch früher", fuhr Theo fort. „Das hat der Arzt mir gestern gesagt. Aber was machen wir dann?"

Jetzt plötzlich begriff Gerry. Vater zu Hause und Vincent! Aber keine Mutter! Wer sollte für sie sorgen? Sie schluckte.

„Daran hab' ich noch gar nicht gedacht", brachte sie dann flüsternd heraus.

„Wir haben uns in den letzten Tagen viele Gedanken deswegen gemacht", sagte Karien, „aber wir wissen uns keinen Rat. Sie könnten natürlich in der ersten Zeit zu uns kommen, bis sie sich wieder erholt haben ... Aber dann — das würde Vater selbst nicht wollen."

„Und es geht auch nicht", warf Theo ein. „Du würdest zwei vollständige Haushalte haben, und überdies mußt du bedenken, was im Sommer auf dich zukommt. Das würde viel zu schwer für dich werden."

„Ja, aber was dann?" fragte Karien wieder. Langsam stickte sie weiter. Gerry sah von einem zum anderen. An das aufgeworfene Problem hatte sie bis zu diesem Augenblick noch nicht gedacht, und sie sah dafür auch keine Lösung. Ja, was sollte werden, wenn Vater und Vincent nach Hause kamen? Und Fons konnte doch auch nicht hierbleiben. Das Leben ging weiter. Sie begriff jetzt, was das bedeutete. Alles mußte weitergehen. Auch Vater mußte weiterleben, er und die Jungen brauchten jemanden, der für sie sorgte. Es war bis jetzt alles so selbstverständlich gewesen. Mutter regelte alles. Sie kochte für sie. Sie sorgte dafür, daß ihre Kleidung sauber und heil war. Mutter machte es zu Hause gemütlich und bereitete den Kaffee, wenn sie abends zusammensaßen. Mutter sorgte dafür, daß sie rechtzeitig aufstanden, sie hielt das Haus gemütlich warm und paßte auf, daß sie früh genug in die Kirche kamen. Wie sollte es jetzt weitergehen? Ein Mann und zwei Jungen allein?

„Solltest du nicht — Ger...?" begann Theo zögernd.

„Ach, Unsinn, Theo, das hab' ich doch schon gesagt", unterbrach Karien ihn. „Gerry muß ihr Studium fortsetzen."

„Ja, aber was dann?" fragte Theo wieder.

„Was meint ihr?" fragte Gerry, noch immer nicht begreifend.

„Ach, nichts", sagte Karien, „wir sprachen über eine Lösung, die keine ist."

„Vielleicht ginge es doch wenigstens für ein paar Jahre", sagte Theo wieder. „Sie könnte später doch jederzeit weitermachen."

„Ach, da kommt sie ja dann doch nicht mehr dazu. Man weiß doch, wie das geht", sagte Karien. Sie saß da und sah mit niedergeschlagenen Augen auf ihre Stickerei. Ihre Hände lagen jetzt untätig im Schoß.

Gerry sagte nichts. Sie sah erschrocken von einem zum anderen. Nur langsam drang zu ihr durch, was das alles bedeutete. Es war, als habe dies alles außerhalb ihres

Denkens gelegen, so daß es ihr keinen Augenblick lang bewußt geworden war. Theo war der Ansicht, daß sie nach Hause kommen sollte, um für Vater und die Jungen zu sorgen. Aber — aber dann müßte sie das Studium aufgeben. Dann könnte sie nicht Apothekerin werden. Das ging doch nicht! Das war doch so lange schon ihr größter Wunsch gewesen. Das konnte doch niemand von ihr verlangen! Es mußte doch noch eine andere Lösung geben.

„Aber..." begann sie stotternd.

„Wir können doch ganz gut für uns selbst sorgen", tönte jetzt unerwartet eine Stimme vom Tisch her. „Wir haben doch auch Dientje. Die macht die Arbeit schon. Notfalls nehmen wir noch ein Mädchen dazu, jemanden, der kochen kann."

„Ach ja, da finden wir schon etwas", meinte auch Karien. „Wirklich, damit eilt es doch nicht so. Vater muß mindestens noch drei Wochen dort bleiben. Gerry und Fons bleiben vorläufig bei uns. Gerry kann mit ihrer einen Hand ja doch nichts tun."

„Na ja, wie ihr wollt", meinte Theo achselzuckend. „Aber wir müssen doch den Tatsachen ins Auge sehen. Wenn Vater zurückkommt... Du verstehst sicher, daß er dann schon genug im Kopf hat."

Schweigend rauchte er seine Pfeife weiter. Karien begann wieder zu sticken, und Gerry starrte in die züngelnden Flammen des Kamins. Sie war völlig durcheinander. Wie war das nur so plötzlich gekommen? Wurde jetzt ihr ganzes Leben auf den Kopf gestellt? War das in der vorigen Woche nicht schon genug gewesen?

Ach, wenn sie nur ruhig denken könnte! Dies alles war so unerwartet, so einschneidend! Sie mußte es von sich schieben, weit weg. Es brauchte ja noch nicht entschieden zu werden. Auch Karien sagte das. Sie hatten noch Zeit. Es konnte ja auch immer noch eine Haushälterin gefunden werden, um den Haushalt zu führen. Diesen letzten Gedanken griff sie auf wie einen Rettungsanker. Natürlich wäre das möglich. Sie brauchten ja nicht mit dem Pfennig zu rechnen. Es mußte doch eine zuverlässige, fürsorgliche Frau zu finden sein. Warum machten sie sich darüber Sorgen? Sie mußten nur bald eine Anzeige aufgeben. Dann konnte die Sache bereits geregelt sein, bevor Vater aus dem Krankenhaus kam. Ja, wenn Vater nach Hause kam ... Wie würde das werden? Ohne Mutter ...

Unversehens traten Bilder vor ihr geistiges Auge, Bilder, die sie eigentlich gar nicht sehen wollte. Vater am Tisch mit den beiden Jungen und mit einer Fremden, die nicht wußte, daß er gern einen kleinen Löffel Zucker in seinem Tee hatte. Die nicht wußte, welcher Stuhl Mutters Stuhl gewesen war. Die die Sachen auf den falschen Platz stellen würde, weil sie keine Ahnung hatte, wie es vorher gewesen war. Und Vater würde es ihr nicht sagen, sondern nur still darunter leiden. Vater, der niemanden hatte, mit dem er von früher sprechen konnte, denn die Jungen waren dafür ja noch zu jung. Fons, der seinen eigenen Weg gehen würde, weil ihn nichts mehr zu Hause hielt. Vincent, der mit seinen kleinen Problemen selbst würde fertig werden müssen, weil niemand wußte, daß es diese Probleme überhaupt gab.

Lieber Gott, war das alles schwierig!

Gerry sah, daß Theo nachdenklich rauchte. Was mochte in seinem Kopf vorgehen? Überlegte er dies alles auch? Hatte er die Sache darum zur Sprache gebracht? Es handelte sich zwar nicht um seinen eigenen Vater. Aber er kannte Vater so gut! Nicht umsonst waren sie schon seit so vielen Jahren zusammen im Geschäft. Theo war ein lieber Kerl. Er meinte es gut. Er suchte einen Ausweg für Vater. Sie hatte sich geirrt, als sie meinte, daß Theo Vaters Niedergeschlagenheit nicht bemerkt habe, weil er so wie üblich mit ihm über die geschäftlichen Angelegenheiten gesprochen hatte ...

Aber sie selbst ... Sie konnte doch ihr Studium nicht aufgeben! Dieses Studium, in dem sie so aufging. Ihr Ziel, nach dem sie sich so lange schon gesehnt hatte. Auch Karien war dieser Ansicht. Das hatte sie eben noch gesagt.

Aber plötzlich war Gerry sich nicht so sicher, daß Karien das wirklich fand. Karien hatte sich das alles reiflich überlegt. Auch sie hatte sich Gedanken darüber gemacht, was jetzt zu Hause geschehen sollte, da Mutter nicht mehr da war. Karien wollte so etwas immer gleich besprechen, darum auch hatte sie das gemütliche Zusammensitzen arrangiert.

Aber als Theo mit seinem Ansinnen kam, hatte sie sie beiseite geschoben. Warum aber? War es nur ihretwegen? Weil sie verstand, wie schwierig es für Gerry sein würde? In was für eine Lage sie gekommen war? Was wog schwerer? Vaters Leben oder ihr eigenes Glück? Sie wollte doch auch leben. Ihr ganzes Inneres geriet in Aufruhr gegen die Tatsache, daß sie mit ihrem Studium aufhören sollte. Daß sie den Gedanken, Apothekerin zu werden, aufgeben mußte. Oder war es nur, daß es jetzt zu Ende war mit dem sorglosen Leben, das sie bisher hatte führen können? Sie schreckte zurück vor den Gedanken, die jetzt von allen Seiten auf sie einstürmten. Sie wußte nicht, was es eigentlich war, das sie zurückhielt: ein Ideal oder Anhänglichkeit an einen bestehenden Zustand. Sie verbarg ihr Gesicht hinter der Hand und ließ den Sturm über sich hinziehen. Hilflos sah sie zu Karien hin. Nein, sie mußte hier aus dem Zimmer hinaus. Weg von den dreien, die etwas von ihr wollten, was sie selbst nicht wollte! Sie mußte mit ihren Überlegungen allein sein.

„Ich — äh — ich bin so müde", stotterte sie. „Ich glaube ich geh' gleich zu Bett."

„Nanu!" sagte Karien besorgt. „Du bist doch nicht etwa krank, Gerry? Du hast ja auch so wenig gegessen."

„Ach nein, ich bin wirklich nur müde", antwortete Gerry. „Morgen werde ich bestimmt wieder in Ordnung sein. Es ist wohl nur die Reaktion, glaube ich", wehrte sie ungeschickt ab.

Theo sah sie fragend an, sagte aber nichts. Er nickte ihr nur herzlich zu. Sie fühlte, daß er sie verstand. Sie fühlte sich in ihren widerstreitenden Gedanken erkannt. „Tja, dann werd' ich mal gehen", schloß sie und stand zögernd auf.

„Dann schlaf nur gut", sagte Karien herzlich. „Und grübele nicht mehr. Wir werden zusammen schon einen Ausweg finden."

„O ja", sagte Gerry ohne Überzeugung. Ihr Weggang glich einer Flucht. Aber wovor? Vor den anderen dort unten? Oder vor sich selbst?

Aber sie konnte vor sich selbst nicht flüchten. Nicht vor ihren Gedanken. Wußte sie wirklich nicht, was sie zu tun hatte? Wußte sie es in diesem Augenblick nicht ganz klar? Sah sie nicht, daß dies die einzige Lösung war? Warum redete sie sich selbst etwas von ihrem eigenen Glück vor? Wovon war dieses Glück denn abhängig? Würde es sie wirklich glücklich machen, wenn sie nur an sich selbst dachte und Vater und die Jungen ihrem Schicksal überließ? Einer Fremden, die sie nicht verstand?

Sie sah deutlich, daß ihr keine zwei Wege mehr offenstanden... Der Weg zur Universität war ihr verschlossen; sie würde den anderen Weg gehen müssen...

„Aber ich kann doch nicht!" brach es plötzlich aus ihr heraus. „Lieber Gott, warum muß ich das? Warum muß zum Kummer dieser Woche auch noch dies hinzukommen?" Sie ließ sich vornüber auf ihr Kissen fallen und schluchzte unaufhörlich. Über ihre Verlassenheit und ihre verlorenen Illusionen. Weil sie wußte, was sie jetzt zu tun hatte, und weil sie es doch nicht tun zu können glaubte...

Der andere Weg

„Schon halb vier", murmelte Gerry vor sich hin. „Gleich kommen die Jungen wieder nach Hause." Sie zog hastig den Stopffaden durch Vaters Socken. Eigentlich müßte er ein Paar neue haben. Diese begannen schon ziemlich fadenscheinig zu werden. Und sie war auch noch nicht sehr geschickt beim Stopfen. Sie lächelte in Erinnerung daran, wie sie anfangs die Socken verzweifelt von sich fortgeschoben hatte. Diese elenden Dinger! Immer zog sie den Faden zu fest an, und dann wurden aus den Stopfern, die sie zustande gebracht hatte, zusammengezogene Knubbel. Doch langsam hatte sie es gelernt. Jetzt lag nur noch ein Paar von Vincent da. Sie hätte heute mittag vielleicht doch lieber zu Hause bleiben sollen. Aber sie hatte der Verlockung nicht widerstehen können. Es war so herrlich draußen. So richtig Frühling.

Als sie heute morgen die Betten gemacht und in der Küche mit Hilfe eines Kochbuches Spinat gekocht hatte, war es ihr zumute gewesen, als müsse sie im Hause ersticken. Sie mußte einfach hinaus. Und nach dem Essen, als Dientje mit dem Abwasch fertig und zur Tür hinaus war, hatte sie heimlich ihr Fahrrad genommen und war losgefahren. Nur so ein bißchen umhergefahren war sie. Der Wind blies durch ihr Haar. Überall begannen die Bäume auszuschlagen. Sie war mit sich selbst um die Wette gefahren — ausgelassen wie ein junger Hund, der nach einem langen Winter zum erstenmal wieder nach draußen kommt. Es hatte sie so herrlich erfrischt, aber als sie um Viertel nach drei nach Hause kam, wurde sie von ihren Pflichten fast erdrückt. Dientje hatte ihren freien Nachnittag, und darum mußte Gerry alles allein machen. Dabei wäre sie so gern mit den verflixten Socken fertig geworden, denn es war für Vater nicht gemütlich, wenn sie abends noch dasaß und stopfte.

Jetzt mußte sie schnell Teewasser aufsetzen. Sie würden gleich dasein.

Während sie in der Küche das Teewasser aufsetzte und die Teekanne aus dem Schrank holte, hörte sie den Postboten irgend etwas in den Briefkasten werfen. Schnell lief sie hin und holte einen Stapel Drucksachen und Briefe aus dem Kasten. Neugierig sah sie sie durch. Das meiste war für Vater — Kataloge und so weiter. Oh, auch für sie eine Drucksache! Was mochte das wohl sein? Und auch ein Brief. Das war Rinies Handschrift, das sah sie sofort. Nett, so ein Brief von Rinie! Aber gleichzeitig schlug eine Welle von Wehmut über ihr zusammen. Wie von selbst gingen ihre Gedanken nach Utrecht zurück zu den paar Monaten, die sie dort unbeschwert, aus ihrer heutigen Sicht heraus sogar sehr glücklich, verbracht hatte.

Das Flöten des Wasserkessels erinnerte sie daran, daß sie wieder in die Küche mußte. Schnell legte sie die Post auf das Dielentischchen und lief zur Küche, wo das Flöten jetzt in ein schrilles Pfeifen überging. Während sie das Wasser über den Tee goß, gingen ihre Gedanken wieder zurück zu der Zeit, die ein so rauhes Ende gefunden hatte. Wie schwer waren doch die ersten Wochen gewesen, nachdem sie ihren Entschluß gefaßt hatte. Sie erinnerte sich, wie sie an die Fakultät geschrieben hatte, daß sie durch die Umstände gezwungen sei, ihr Studium aufzugeben. Das war eine nur geschäftliche Angelegenheit und darum leichter als die Trennung von Rinie. Am Tage der Beerdigung hatte sie sie und André nur kurz gesprochen. Dabei war über die Zukunft kein Wort gefallen. Die beiden waren besonders herzlich zu ihr gewesen. Es hatte ihr gutgetan, ihr Bemühen zu spüren, ihr etwas Gutes zu tun. Es war ihr in diesem Augenblick so vorgekommen, als sei dies das einzige, was ihr weiterhülfe.

Etwas später hatte sie Rinie mitgeteilt, daß sie zu Hause den Haushalt führen wolle. Sie war sich sehr wohl darüber im klaren gewesen, was das für Rinie bedeutete, daß die Freundin jetzt umziehen oder sich eine neue Zimmergenossin suchen mußte. Aber daran konnte Gerry eben nichts ändern. Daß dies dann alles so schwierig werden sollte, hatte sie ja nicht geahnt. Rinie war am folgenden Sonntag zu Besuch gekommen und hatte, noch völlig unter dem Eindruck von Gerrys Entschluß, sich mit ihr unterhalten. Schließlich hatten sie sich ja auch vorgestellt, in den ersten Jahren zusammen wohnen und alles gemeinsam unternehmen zu können. Rinie fand es furchtbar, daß Gerry so plötzlich alles aufgegeben hatte. Vielleicht hatte sie auch gedacht, daß dies eine durch die traurigen Ereignisse ausgelöste Kurzschlußhandlung sei. Vielleicht meinte sie, es sei nötig, Gerry etwas aufzuheitern, so, wie sie es früher getan hatte, wenn Gerry bei einer Prüfung mal Pech gehabt hatte.

Sie merkte bald, daß das nicht zutraf. Aber Rinie meinte, es sei nicht notwendig, daß Gerry ihre ganze Zukunft aufgäbe. Es müsse doch für ihren Vater und die Brüder andere Möglichkeiten geben.

Aber Gerry hatte ihr klargemacht, daß sie nicht anders handeln könne, als Mutters Aufgaben zu übernehmen.

Rinie war schließlich überzeugt, aber doch sehr niedergeschlagen, gegangen. Sie hatte gewiß nicht an sich selbst gedacht, das lag ihr nicht. Aber Gerry hatte später doch begriffen, daß ihr Entschluß der Freundin viel von der Freude am Studieren geraubt haben mußte. Es hatte ihr weh getan, denn Rinie bedeutete ihr viel. Aber danach war vieles auf sie eingestürmt: Vaters und Vincents Heimkehr und die Schwierigkeiten im Haushalt. Er war zwar sehr praktisch eingeteilt, aber was wußte sie schon vom Haushalten? Mit viel gutem Willen und zahlreichen Telefongesprächen mit Karien war sie schließlich doch zurechtgekommen, aber es hatte sie so in Anspruch genommen, daß sie kaum an andere Dinge dachte. Vater war auch nicht mehr derselbe. Er konnte stundenlang zurückgezogen in seinem Sessel sitzen, so daß sie sich manchmal fragte, ob sie ihr Studium nicht umsonst geopfert habe.

Später hatte Rinie mehrmals geschrieben, zuerst über ihren Umzug in ein kleineres Zimmer in der Nähe des Bahnhofes, später über anderen Ärger. Aber immer wieder las Gerry aus den Briefen das tiefe Bedauern über das, was geschehen war.

Auch Frau van Voorne hatte ihr einen herzlichen Brief geschrieben. Und jetzt ging das Leben weiter. Gerry erledigte ihre Hausarbeit, und da sie das nicht ganz ausfüllte, las sie viel. Sogar sehr viel. Sie hatte die Freude an guten Büchern entdeckt. Früher hatte sie nicht so viel Zeit dafür gehabt. Da las sie nur das, was sie lesen mußte.

Gerry kam mit der Teekanne ins Zimmer und setzte sie auf die Wärmflamme. So, jetzt konnten sie nach Hause kommen. Gerry nahm Vaters Socken wieder auf und stopfte weiter. Als sie einmal aufsah, fiel ihr Blick auf den Brief, den sie bei ihren Überlegungen ganz vergessen hatte. Dabei war Rinie doch die Ursache ihrer Betrachtungen gewesen. Die linke Hand noch in dem Socken, zog sie den Brief zu sich herüber, auch die Drucksache. Ach, die war von der „Veritas"! Was mochte das sein? Neugierig geworden, riß sie den Umschlag auf. Eine Einladung! Zur Gründungsfeier am 30. Mai! Komisch, sie gehörte doch gar nicht mehr dazu! Sie studierte doch nicht mehr. Wie kamen sie dazu, ihr diese Einladung zu schicken? Sicher war es versehentlich geschehen. Sie sah auf den Umschlag. Da stand ihre richtige Adresse. Der Brief war nicht vom Katherinenkanal aus weitergeschickt worden. Sie wußten also, daß sie nicht mehr dort wohnte. Nun ja, sie konnte doch nicht mittun, sie gehörte eben nicht mehr dazu. Nachdenklich öffnete sie Rinies Brief.

Liebe Gerry!

In dieser Woche habe ich zwei Testate hinter mich gebracht und bin total fertig, aber Du kannst mir gratulieren. Damit mußte ich anfangen. Du siehst, daß ich davon noch ganz voll bin. Aber ich glaube nicht, daß ich mich Dir gegenüber für so etwas entschuldigen muß, oder? Wir haben hier jetzt bei allem den Endspurt, und darum habe ich mich gerade in den letzten Wochen ziemlich zurückgezogen. Ich muß meine Examen nun einmal im Rekordtempo hinter mich bringen. In den letzten Wochen habe ich viel zu Hause gesessen bei meinem qualmenden Petroleumöfchen. Ich hatte Dir doch erzählt, daß ich hier selbst für meine Heizung sorgen muß, oder? Aber das alles gibt einem einen Begriff von Askese. Es war alles sehr anstrengend, aber jetzt, da ich es hinter mir habe, habe ich das Gefühl, aus den Nähten platzen zu müssen. Ich habe plötzlich so ein Bedürfnis danach, Dir zu schreiben, allein schon, um nicht fürchten zu müssen, daß wir uns in der letzten Zeit auseinanderlebten. Es ist schon so, wie Du damals nach Nikolaus sagtest. Du mußtest es eben tun. Und ich glaube jetzt

auch, daß Du den richtigen Weg gewählt hast. Trotzdem tut es mir jeden Tag von neuem leid.
Vor kurzem sprach ich mit Frau van Voorne. Sie hat die beiden Zimmer jetzt getrennt vermietet, aber sie findet es lange nicht so nett wie zu der Zeit, in der wir dort waren. Sie fragte mich auch besonders nach Dir, und ich mußte wohl oder übel etwas drumherumreden, weil ich ja selbst nicht genau wußte, was Du machst. Du mußt mir wirklich einmal ausführlich schreiben, wie es bei Dir ist. Wie geht es Deinem Vater? Kann er wieder wie früher tätig sein? Und die Jungen? Sind sie in der Schule weit zurückgefallen? Oder werden sie versetzt? Vor allem für Vincent würde es doch ein ziemlicher Schlag sein, wenn sie getrennt würden, weil die eine Zwillingshälfte es nicht schafft.
Und Du selbst? Wie geht es Dir? Hast Du schon haushalten gelernt? Nun, es wird schon klappen, denn Du hast eine Veranlagung für Haushaltsangelegenheiten, das hab' ich sehr gut gemerkt. Ich merke es noch jetzt jeden Tag, wie sehr ich ohne Dich ins Schwimmen gerate. Zum Beispiel stelle ich des Abends immer wieder fest, daß ich vergessen habe, Öl zu holen, und sitze dann den ganzen Abend in der Kälte. Auch lasse ich immer wieder meinen Milchtopf überkochen. Dann muß ich einen scheußlich schmeckenden Kaffee trinken, und der unangenehme Duft meiner Petroleumlampe vermengt sich in meinem Zimmer mit dem ebenso unangenehmen Duft angebrannter Milch. Du siehst, ich vermisse Dich Tag für Tag sehr! Aber nicht nur allein um dieser Dinge willen. Vor allem vermisse ich unsere Unterhaltung. Wie herrlich konnten wir doch zusammen schwatzen! Ich will Dir auch gestehen, daß ich oft nicht

die mindeste Lust habe, zu „Veritas"-Abenden zu gehen. Es war so nett, als wir noch zusammen gehen konnten. O ja, ich hab' so viel daran gedacht, daß ich dem Geschäftsführer sogar Deine Adresse gegeben habe. Am 30. Mai haben wir Gründungsfeier. Das scheint jedes Jahr ein tolles Fest zu sein. Ich hab' sie gefragt, ob sie Dich auch einladen würden. Denn schließlich gehörst Du ja auch dazu. Du bist nun einmal als Veritarianerin aufgenommen, und das bleibst Du auch Dein Leben lang, haben sie mir erklärt. Du solltest wirklich kommen. Einen Abend kannst Du doch bestimmt mal heraus. Na ja, einen Abend und den folgenden Tag natürlich, meine ich. Es wird bestimmt sehr nett werden. Kürzlich sprach ich mit André Lesberg über Dein Kommen. Er gab mir recht. Ich treffe ihn in der letzten Zeit ziemlich viel. Er ist ein netter Kerl, das hat man früher in der Schule gar nicht so gemerkt. Da fand ich ihn immer etwas langweilig, aber das ist er bestimmt nicht.

Du wirst in diesen Tagen die Einladung bekommen. Kommst Du? Ich würde mich sehr freuen. Vielleicht wird es ein so schöner Abend wie damals bei unserer Aufnahme — weißt Du noch?

So, meine Liebe, jetzt muß ich Brot holen. Ich glaube, daß ich auch keinen Krümel Butter mehr im Schrank habe. Schreib mir sofort, daß Du kommst! Und auch, was Du tust und so weiter. Ich sehne mich nach einem Brief von Dir! Alles Gute wünscht Dir

         Deine Rinie

Gerry saß mit dem Brief vor sich und Vaters Socke noch an der Hand. Lächelnd sah sie auf den Brief. Das war so recht Rinie! Wie tüchtig, gleich zwei Prüfungen zu bestehen! Oh, sie würde bestimmt in Rekordzeit fertig werden. Wenn Rinie sich etwas vornahm, dann klappte es auch. Und die Gründungsfeier? Es wäre herrlich, wenn sie mitmachen könnte. Aber würde sie nicht eine Fremde sein? Na ja, die Studenten würden sie natürlich noch kennen, aber eigentlich gehörte sie doch nicht mehr dazu. Sie konnte nicht mehr mitreden über Vorlesungen und Professoren und über Veranstaltungen. Und sie wußte aus Erfahrung, daß die Gespräche sich hauptsächlich doch darum drehten. Anstandshalber würden sie sie nach ihren Erlebnissen fragen. Aber damit würden sie auch glauben, ihre Pflicht getan zu haben. Wirklich interessieren würde es sie nicht — bis auf einige wenige wie Rinie natürlich. Die fühlte sich wirklich freundschaftlich mit ihr verbunden. Und vielleicht André? André wohl auch. Das hatte er schon dadurch gezeigt, daß er zu Mutters Beerdigung gekommen war. Anscheinend entdeckte nun auch Rinie, wie nett er war! Sie selbst hatte das schon längst gewußt. Und während sie dies dachte, fand sie es gar nicht so schön, daß Rinie es jetzt auch gemerkt hatte. Was für ein Unsinn! schalt sie sich selbst. Sie war wohl verrückt. War sie eifersüchtig, daß Rinie sich mit André unterhalten konnte und sie nicht?

Aber das unbehagliche Gefühl blieb. Es ließ sich nicht verdrängen. Es war ihr neu und verwirrte sie seltsam. Wieder einmal — diesmal aber aus einem anderen Grund — empfand sie es bitter, nicht mehr in Utrecht zu sein. Mit dem Brief auf dem Schoß und noch immer ganz in Gedanken, stopfte sie weiter. So fand Vincent sie.

„Ach, Gerry!" sagte er, Munterkeit vortäuschend. „Hast du Tee? Ich komme um vor Durst."

Sofort sah Gerry auf. Sie fühlte die gezwungene Heiterkeit.

„Ist Fons nicht mitgekommen?" fragte sie.

„Fons muß für das Hockeyturnier am Sonnabendmittag trainieren", sagte Vincent schnell.

„Will er mitmachen?" fragte Gerry erstaunt. Sie hatte nicht geglaubt, daß er dafür ausgesucht werden würde. Er war auf dem verletzten Bein noch etwas schwach.

„Er ist Torwart", erklärte Vincent. „Dann braucht er nicht so zu laufen und hat auch Beinschützer an."

„Ach so!" nickte Gerry, während sie für sie beide Tee eingoß. „Und du? Sollst du nicht auch mitmachen?"

„Ich hab' gesagt, ich hätte keine Lust", sagte Vincent mit tonloser Stimme.

„Warum nicht?" fragte Gerry. „Es wäre auch für dich gut, wenn du etwas Sport triebest. Du siehst in der letzten Zeit blaß aus."

„Ja, schon. Aber ich habe den Sonnabendnachmittag einfach nicht übrig. Jetzt hab' ich auch die Geometriearbeit verhauen. Ich behalte den Kram einfach nicht. Es ist, als ob mein Kopf ein Loch hätte. Alles fällt wieder heraus."

„Ach, nun komm!" lächelte Gerry. „So schlimm wird's schon nicht sein. Trink erst mal eine Tasse Tee, dann sieht die Sache schon wieder ganz anders aus. Das ist doch gar nicht so schlimm für dich. Es sollte doch keine Schande sein, wenn man nach einer Gehirnerschütterung das Jahr wiederholen muß."

„Schon — aber gerade das will ich nicht", sagte Vincent heftig. „Ich — äh — ich will einfach nicht sitzenbleiben", schloß er. Gerry verstand ihn. Vincent brauchte Fons — Fons mit seiner Ausdauer und Selbständigkeit. Vincent war von Fons abhängig. Sie wußte nicht, ob das gut war, aber es war nicht zu ändern. Solange er diese Unterstützung haben konnte, war es ja gut, dachte sie.

„Sollen wir die Geometriearbeit gleich mal zusammen durchsehen?" schlug sie vor. „Du hast doch immer ganz fleißig für Mathematik gearbeitet, warum also solltest du es plötzlich nicht mehr können? Du hast nur in der letzten Zeit viel zuviel gleichzeitig machen müssen, um alles aufzuholen. Du mußt dir nicht zuviel Sorgen machen. Wir können doch in den Fächern, in denen du schwach bist, in den Ferien noch etwas tun. Wäre das nicht gut?"

Vincent nickte wortlos. Mit langsamen Schlucken trank er seinen Tee. Gerry stopfte weiter. So, Vaters Socken waren jetzt fertig. Sie rollte das Paar zusammen und blickte zu Vincent hin, der nachdenklich vor sich hin starrte.

„Zeigst du mir mal die Arbeit?" fragte sie interessiert. „Was für Aufgaben waren es denn?"

„Gleichschenklige Dreiecke", sagte Vincent, in seiner Schultasche herumwühlend. „Wir mußten drei zeichnen, aber ich habe nur zwei fertiggekriegt und glaube, daß auch darin noch Fehler sind, denn Gerard hat andere Ergebnisse."

„Wenn schon, Gerard kann doch auch Fehler gemacht haben", munterte Gerry ihn auf.

„Bestimmt nicht, Gerard macht niemals Fehler", sagte Vincent mißmutig. „Hier sind sie", fuhr er fort und legte ein verkritzeltes Blatt Papier mit kleinen Zeichnungen und Zahlen auf den Tisch. Es war sein Schmierzettel, auf den er sich die diktierten Aufgaben notiert hatte. Gerry betrachtete ihn mit Kennerblick. Es war zwar lange her, daß sie dergleichen gemacht hatte, aber sie erinnerte sich noch gut.

„Was hast du herausbekommen?" fragte sie. „Ach ja,

hier steht es ja. Das ist doch eine glatte Summe. Die Zeichnung ist jedenfalls gut."

„Na ja, wenn die nicht gut wäre", murrte Vincent, „könnten wir uns gleich begraben lassen."

„Das darfst du nicht sagen", meinte Gerry. „Als ich in deiner Klasse war, gab es eine Reihe Mädchen, die keine Ahnung hatten, wie sie so eine Aufgabe anzupacken hatten."

„Na, wenn schon — Mädchen..." Vincents Laune war noch nicht besser.

„Danke!" lachte Gerry.

Vincent mußte mitlachen. „Du bist ja auch ein Rechengenie", sagte er, „das ist bei Mädchen eine Ausnahme." Es sprach eine leise Bewunderung aus seinen Worten, und Gerry fühlte sich unwillkürlich geschmeichelt. Sie sah nun Vincents Arbeit weiter durch und meinte dann: „Sieh mal, da bist du etwas auf Umwege gekommen. Du hättest es so machen sollen", erklärte sie ihm dann. „Aber so geht es natürlich auch. Du mußt nie vergessen, daß man in Geometrie immer den kürzesten Weg suchen muß. Das Ergebnis — laß mal sehen..." Sie rechnete schnell. „Ja, es ist richtig. Dein Gerard mag zwar ein noch so kluger Kopf sein — das hier ist bestimmt richtig. Nur ein bißchen umständlich, aber das wird dir der Lehrer wohl nicht als Fehler ankreiden."

„Ist es tatsächlich richtig?" fragte Vincent ungläubig. Sein Gesichtsausdruck zeigte jetzt wieder mehr Interesse.

„Ja, natürlich, das sehe ich doch", sagte Gerry. „Du bist gar nicht so dumm, wie du aussiehst", lachte sie. Sie war froh, daß er wieder etwas Oberwasser hatte. „Du solltest dir nicht so viel Sorgen machen. Für diese Arbeit müßtest du eigentlich ‚genügend' bekommen. Und wenn du mal irgendwie festsitzt, dann sag's doch. Ich helfe dir ja gern. Es ist nur zu schade, daß du für das Spiel abgesagt hast. Es hätte dir gutgetan. Was willst du jetzt tun?"

„Ich mache jetzt gleich meine Hausaufgaben für morgen", sagte Vincent und ging zur Tür.

„Ach nein, nicht doch!" sagte Gerry abwehrend. „Mit den Arbeiten kannst du doch gut noch heute abend fertig werden. Es ist nicht gut, sofort nach der Schule weiterzumachen, jedenfalls für dich nicht. Spiel lieber etwas Klavier."

Sie fühlte sich in diesem Augenblick wie ein weiser Uhu, als den die Freundinnen sie früher in der Schule immer bezeichnet hatten, wenn sie versucht hatte, verständig zu sein. Auch Vincent grinste, sagte aber nichts und streckte ihr nur die Zunge heraus. Aber er warf seine Schultasche wieder hin und lief zum Klavier. Vincent spielte ganz gut. Er hatte nie Unterricht gehabt, aber wenn er etwas gehört hatte, suchte er es sich selbst auf dem Klavier zusammen. Er spielte nicht schlecht, denn er tat es gern, und das wußte Gerry sehr gut. Auch jetzt schlug er ein paar Akkorde an, und dann ertönte plötzlich eine gefällige Melodie. Gerry lauschte mit erhobenem Kopf. Was war das nur, was er da spielte?

„Weißt du, was das ist?" fragte Vincent, über die Schulter zurückblickend.

„Ich kenne es gut", sagte Gerry nachdenklich. „Ich hab's kürzlich noch gehört, aber ich weiß nicht, was es ist. Sag es mir, bitte!"

„Das ist das Lied aus dem Europäischen Chanson-Festival", sagte er, und er begann, dieselbe Melodie mit Variationen zu spielen.

„Es ist wirklich hübsch", meinte Gerry. Vincent ging jetzt auf etwas anderes über. Und Gerry stellte fest, daß sie ihr Ziel erreicht hatte. Seine Niedergeschlagenheit war geschwunden. Sie nahm das letzte Paar Socken und begann sie zu stopfen. Zum Glück waren diese nicht gar so zerrissen. Schweigend arbeitete sie eine Zeitlang, und Vincent spielte. Wie nett er doch spielt! dachte sie. Wer weiß, vielleicht konnte er später auf diesem Gebiet noch etwas leisten. Er war bestimmt begabt.

Dann lächelte sie über ihre Gedanken. Sie kam sich vor wie eine stolze Mutter, die hinsichtlich ihrer Küken hohe Erwartungen hegt! Früher hatte sie gar nicht so auf die Jungen geachtet. Aber augenblicklich bemerkte sie dies alles und machte sich ihre Gedanken darüber. In ihre Verwunderung über diese Feststellung mischte sich etwas Wehmut. Eigentlich brauchte es nicht so sein, überlegte sie. Es kam nur daher, daß Mutter nicht mehr da war. Ob Mutter wohl früher auch solche Träume um sie alle gesponnen hatte? Und tat Karien es für Leonieke?

Die Zeit verflog. Fons kam zur Essenszeit nach Hause, und dann begann für sie alles gleichzeitig. Gerry deckte den Tisch, machte den Aufwasch und erledigte die Arbeiten, um die Vater sie bat. Sie vergaß den Brief und die Einladung.

Vater war bei Tisch immer sehr still. Er antwortete wohl wie gewöhnlich, wenn er gefragt wurde, fragte selbst aber nichts. Wie anders war es doch früher bei Mutter gewesen, wenn er seine Späße mit ihr machte und sie neckte mit dem, was sie gekocht hatte. Es schien so, als gleite alles an ihm ab. Gerry bemühte sich, jedes genauso zu tun wie Mutter früher, und wäre froh gewesen, wenn Vater es überhaupt bemerkt hätte. Wenn er nur ein einziges Mal hätte erkennen lassen, daß er sich freute. Aber Vater sagte nichts. Auch heute abend nicht. Er fragte nur die Jungen nach ihren Hausaufgaben und den Noten ihrer Arbeiten, die sie am heutigen Tag zurückbekommen hatten. Sie waren beide ziemlich zufrieden. Vincent auch, wie sie mit Freude sah. Für ihn schien ihre Arbeit und das, was sie sagte, doch etwas zu bedeuten. Ihm konnte sie wirklich helfen.

Nach dem Essen gingen die Jungen nach oben zu ihren Schularbeiten. Vater nahm die Zeitung und seine Pfeife und suchte seinen Sessel auf. Sie selbst nahm ein Buch und setzte sich ihm gegenüber. Es war ein Buch von Graham Greene, es fesselte sie außerordentlich. Sie war vollständig darin vertieft und vergaß alles um sich her. Ihre Augen glitten die Zeilen entlang. Sie lehnte sich gemütlich in ihrem Sessel zurück. Das Buch lag auf ihrem Schoß. Und dann geschah etwas Seltsames, etwas, worauf sie überhaupt nicht vorbereitet war. Als sie ein Kapitel zu Ende gelesen hatte und die Seite umblättern wollte, sah sie zerstreut auf und — geradewegs in Vaters Augen. Es war, als verwirre es ihn, daß sie ihn ertappt hatte. Sie wurde etwas verlegen.

„Soll ich Tee oder Kaffee machen?" fragte sie.

„Ach nein, es ist noch zu früh", sagte Vater. Und dann, leise: „Du gleichst deiner Mutter aufs Haar, weißt du das, Gerry?"

„Ich — ach..." Gerry war sprachlos. Damit hatte sie nicht gerechnet.

„Du liest genauso leidenschaftlich gern wie sie", erklärte Vater, „und du siehst genauso abwesend aus, wenn du aufblickst. Es sieht aus, als kämest du aus einer anderen Welt."

„Ach, ja?" lachte Gerry. Sie mußte plötzlich an den Abend vor Vaters Geburtstag denken, als sie selbst Mutter beobachtet hatte. Es bewegte sie, daß Vater in ihr die gleichen Züge sah.

„Du ähnelst ihr auch in anderen Dingen", fuhr Vater langsam fort, eigentlich mehr zu sich selbst als zu ihr. Und als sie ihn fragend ansah, sagte er:

„Du bist sehr lieb zu uns, Gerry. Ich — äh — du mußt entschuldigen, daß ich so wenig sage, wie sehr ich das empfinde. Es ist noch so leer für mich..."

„Ach, aber das stimmt doch nicht!" Sie sprang auf und setzte sich auf die Armlehne von Vaters Stuhl. Dann legte sie einen Arm um seinen Hals.

„Das brauchst du doch nicht zu sagen!" Aber gleichzeitig durchdrang sie eine Welle der Freude, eben weil er es doch merkte. Es war nicht umsonst gewesen, daß sie alles aufgegeben hatte. Es traf sie auch tief, daß Vater jetzt zum erstenmal über das sprach, was ihn bewegte. Er war in den letzten Monaten fast ein Fremder für sie gewesen. Sein Schweigen hatte Gerry schmerzlich berührt. Jetzt ergriff es sie, daß er zum erstenmal, wenn auch noch so wenig, durchblicken ließ, was in ihm vorging. Es mußte ja auch für Vater selbst eine entsetzlich schwere Zeit gewesen sein. Mit niedergeschlagenen Augen sagte sie leise: „Du mußt dich nicht so unglücklich fühlen, Vater." Als sie es gesagt hatte, tat es ihr beinahe leid. Es war dumm, so etwas zu behaupten. Wie anders als unglücklich sollte Vater sich denn fühlen!

Aber seine Antwort erstaunte sie doch.

„Es wäre vielleicht leichter, wenn ich nicht selbst daran schuld wäre", flüsterte er beinahe. Das war etwas, woran sie überhaupt noch nicht gedacht hatte. Vater sollte schuld daran sein? Grübelte er darüber nach? Aber das war doch absurd! Verwirrt sah sie ihn an. Er hob die Augen nicht,

fuhr aber fort: „Es war natürlich ein Unfall, das weiß ich auch. Und ich bin auch nicht unverantwortlich schnell gefahren. Aber ich hätte umkehren müssen, als ich merkte, daß es stellenweise derart neblig war. Es ist unverantwortlich, im Nebel zu fahren, wenn es nicht unbedingt notwendig ist. Ich hätte doch umkehren und dich in den Zug setzen können."

„Aber — Vater, warum denkst du daran?" stammelte sie. „Jeder andere wäre auch weitergefahren. Du bist doch auch schon früher im Nebel gefahren, und da ist nie etwas passiert."

„Ja, das bin ich, und gerade darum hätte ich es verhindern können", fuhr Vater fort. „Nur, daß es solche Folgen haben würde..." schloß er fast unhörbar. Die Worte klangen Gerry wie Peitschenschläge in den Ohren. Die Bewegung, die er mit seinen Schultern machte, wirkte so schrecklich auf Gerry, daß sie es kaum ertragen konnte. Sie wollte schreien, daß er schweigen, daß er nicht solche furchtbaren Dinge sagen solle. Anscheinend aber sah er den Schrei in ihren Augen, denn plötzlich veränderte sich sein Gesichtsausdruck. Er lächelte mühsam, und in völlig anderem Ton sagte er:

„Du mußt keine Angst haben, Kindchen. Ich gehe daran nicht zugrunde." Und wieder ernst werdend: „Bestimmt nicht, wenn du für mich sorgst, für uns sorgst, so, wie du es tust."

Gerrys Augen füllten sich mit Tränen.

„Was ist denn das?" fragte Vater plötzlich erschrocken.

„Ach, nichts", lächelte sie zurück. Und so beiläufig wie möglich sagte sie: „Ich gehe jetzt und mache uns Kaffee."

In der Küche trocknete sie sich die Augen. In ihrem Herzen waren Kummer und Freude gleichzeitig. Kummer um das Verlorene und um Vater, der so viel erlitten hatte ohne darüber sprechen zu können. Der alles mit sich selbst würde abmachen müssen. Denn sie begriff sehr gut, daß ihre Worte nichts für ihn ändern würden. Er mußte es selbst tragen und überwinden. Das war vielleicht noch das Schlimmste. Aber gleichzeitig war es eine Freude für sie, daß sie offenbar mitgeholfen hatte und auch weiterhin mithelfen konnte. Dadurch, daß sie tat, was getan werden mußte. Jeden Tag aufs neue.

Der Brief und die „Veritas" waren nicht mehr vorhanden. Sie dachte nicht mehr daran. Es lag meilenweit von ihr entfernt. Sie fühlte sich um Jahre älter, entfernt von der Zeit, in der sie noch sorglos in Utrecht ein Studentenleben führte.

Gerry wird doch wieder jung

Gerry lief mit dem Einkaufskorb durch die Stadt. Es war Freitagmittag, ihr Einkaufstag. Dann hatte Dientje mit dem Flur und der Küche zu tun. Sie fand es schrecklich langweilig, aber es mußte ja erledigt werden. Und so hatte sie sich wie gewöhnlich aufgemacht, um all das zu holen, was zum Wochenende gebraucht wurde, und die tausend kleinen Dinge, die nicht so eilig waren. Es war noch kühl. Fröstelnd stellte sie ihren Kragen etwas hoch. Es war zwar Frühling, aber auch der konnte noch kalt sein.

Eben sehen, ob sie alles hatte! Sie wühlte in ihrer Manteltasche. Da mußte der Einkaufszettel noch sein. Den schweren Korb setzte sie auf das Sims eines großen Schaufensters. Ja, da war der Zettel.

Kuchen, Käse (sie hatte etwas von dem leckeren Bauernkäse genommen, auf den Fons so wild war), Fleisch beim Metzger. Ja, da war sie auch schon gewesen. Schuhcreme für ihre neuen Schuhe. Einen Beutel Kunstdünger für die Pflanzen. Eine neue Spülbürste. Knopf? Was war das nun wieder? O ja, Vincent hatte wieder einen Knopf von seiner Regenjacke verloren. Warum hatte er ihr auch nicht gesagt, daß er nur an einem Faden hing! Wenn sie ihn jetzt nur nachbekam! Er war aus geflochtenem Leder. Ach ja, und Fons hatte gebeten, ihm ein Schreibheft mitzubringen. Das durfte sie auch nicht vergessen. Zigaretten. Die mußten auch dringend aufgefüllt werden für den Fall, daß Besuch kam. Vater rauchte selbst keine, aber man mußte sie doch anbieten können. Sie selbst rauchte augenblicklich auch ab und zu eine. Sicher sollte sie es nicht tun. Aber wenn sie so allein zu Hause war und niemanden hatte, mit dem sie reden konnte, dann hatte sie manchmal aus Langeweile eine genommen. Nun, eigentlich brauchte sie nicht immer allein zu sein. Sie konnte ja Karien besuchen. Warum tat sie das nicht öfter? Leonieke war doch jetzt so goldig. Sie lief, und in das Ställchen war sie nicht mehr hineinzubekommen, seit sie begonnen hatte, die Welt zu entdecken. Für gewöhnlich warf sie ihr Beinchen über die Kante und ließ sich dann auf der anderen Seite hinunterfallen, der kleine Strolch.

Karien hatte auch alle Hände voll zu tun. Die Zeit begann für sie zu rasen. Sie konnte in letzter Zeit oft ziemlich unwirsch sein. Nicht, daß sie Gerry nicht gern kommen gesehen hätte. Sie war natürlich stets willkommen, weil Karien sich auch oft nicht wohl fühlte. Sie hatte mit diesem zweiten Kind sehr viel mehr Last als seinerzeit mit Leonieke. Gerry wußte oft selbst nicht so recht, ob sie gut daran tat, zu ihr zu gehen oder nicht. Karien hatte eine gute Hilfskraft; für die Arbeit brauchte sie Gerry also nicht. Wenn es ihr sehr schlecht ging, holte Gerry Leonieke in ihrem Sportwagen. Dann ging sie mit ihr spazieren und nahm sie noch für eine Stunde mit nach Hause. Das war auch für die Kleine herrlich. Ach, und mit Karien würde es schon wieder anders werden, wenn das Kleine erst mal da wäre.

Im Sommer kam Gerry dann schon mal eher heraus. Sie konnte zum Schwimmen gehen, wenn sie mit ihrer Arbeit fertig war. Aber noch war nicht Sommer ...

Gerry seufzte und machte sich an die Besorgungen. Den Knopf konnte sie zum Glück noch bekommen. Jetzt das Schreibheft. Wollte Fons etwa ein Tagebuch führen? Wofür anders wünschte er das Heft jetzt mitten im Jahr? Zigaretten konnte sie in der Nähe des Hauses noch bekommen. Als sie auf dem Heimweg an der Post vorüberkam, fiel ihr plötzlich Rinies Brief und die Einladung der „Veritas" wieder ein. Die mußte sie noch beantworten.

Sollte sie nun hingehen? Natürlich könnte sie. Für einen Tag wegzufahren, machte keine Schwierigkeiten. Das war etwas anderes, als in einer anderen Stadt zu studieren. Der Haushalt lief schon weiter, wenn sie auch mal einen Tag nicht dazwischen war. Sie konnte Dientje ja genau sagen, was getan werden mußte. Im schlimmsten Fall ging Vater dieses eine Mal mit den Jungen in die Stadt zum Essen. Oder bei Karien. Das ging immer. Nein, doch lieber nicht. Karien erwartete ihr Baby Anfang Juni.

Es wäre doch sicher sehr nett, wieder einmal etwas anderes. Einen Tag lang mal nicht an so prosaische Sachen denken wie daran, was gegessen werden sollte und daß die Fenster einmal wieder geputzt werden mußten.

Aber irgendwie schreckte sie davor zurück. Gehörte sie denn überhaupt noch dazu? Würde sie nicht vielleicht wie eine Fremde im luftleeren Raum sitzen? Und wenn Rinie und André sich jetzt so gut verstanden, hing sie doch störend dazwischen.

Unsinn, sagte sie zu sich selbst. Gerade die beiden hatten es ihr doch vorgeschlagen. Rinie wollte doch mit aller Gewalt, daß sie kam. Und Rinie war doch ihre Freundin. Aber was war es dann, was sie hemmte? Sollte es nicht klüger sein, wegzubleiben? Sonst würde es vielleicht eine große Enttäuschung für sie. Sie würde es nicht ertragen können, daß Rinie und André fröhlich und unbeschwert zusammentanzten. Das wußte sie jetzt plötzlich ganz genau. Wenn sie es nicht sah, dann ging es vielleicht von selbst vorüber. Sie hatte bisher immer noch nicht genau gewußt, daß ihr etwas an André lag...

Es war auch gar nicht mehr so schlimm, hier zu Hause zu sein. Seit dem Gespräch mit Vater gestern abend war es sehr viel gemütlicher geworden, da sie jetzt das Gefühl haben konnte, daß ihre Mühe nicht umsonst war. Sie hatte sich allmählich auch daran gewöhnt. An manchen Tagen wußte sie zwar nicht genau, ob das alles so sein mußte. Aber es war vielleicht besser, mit dem früheren Leben vollständig zu brechen. Das würde alles für sie noch erträglicher machen. Wenn sie den Kontakt behielt, würde sie sich doch immer wieder unzufrieden und elend fühlen. Und davon hatte ja niemand etwas. Ja, sie würde noch heute abend an Rinie schreiben, daß sie nicht kommen wolle. Das war das beste.

Aber der Mensch ist ein seltsames Wesen. Warum fühlte sie sich jetzt plötzlich so niedergeschlagen und gereizt?

Mit gesenktem Kopf lief sie weiter. Beinahe wäre sie an dem Zigarettenkiosk vorübergelaufen.

Schnell trat sie ein. Was sollte sie nehmen? Diese Frage verdrängte jetzt alle anderen. So war es immer. Wenn sie beschäftigt war, dachte sie nicht an so närrische Sachen. Sie mußte schnell nach Hause und den Knopf annähen. Ob sie dann gleich den Kuchen für Sonntag backen sollte? Sie hatte schon einmal einen zustande gebracht, und den hatten alle herrlich gefunden. Dientje würde wohl inzwischen mit der Küche fertig sein. Ja, das würde sie tun! Schnell machte sie sich auf den Heimweg.

Aber zu dem Kuchen kam es nicht mehr.

Noch während sie dabei war, ihren Korb auszupacken und das Fleisch in den Kühlschrank zu legen, läutete es. Wer mochte das sein? Um diese Zeit kam doch kein Besuch. Sicher war es der Kassierer für Strom oder Wasser oder sonst etwas. Ohne besondere Eile öffnete sie die Tür — und stand vor André.

„Du bist hier?" fragte sie überrascht. Sie fühlte mit leisem Ärger, daß das Blut ihr in die Wangen schoß.

„Ja, darf ich?" fragte André lächelnd. „Ich wollte mal nach dir schauen, denn ich bin dieses Wochenende zu Hause."

„Ja — äh — ja, natürlich", stammelte sie ungeschickt, ging aber keinen Schritt zur Seite.

André streckte, jetzt ernst, die Hand aus. „Guten Tag, Gerry", sagte er weich. „Wie geht's dir?"

„Ach, gut", versuchte sie so normal wie möglich zu sagen. André besuchte sie! Oje, wie ihre Hände zitterten! Sie legte ihre rechte Hand in die seine.

„Aber so komm doch herein! Nett, daß du da bist. Ich hab' dich so lange nicht gesehen." Ihre Worte überstürzten sich. Sie nahm im Flur seinen Mantel und hing ihn an die Garderobe. „Ich wollte gerade anfangen, Kuchen zu bakken", lachte sie, „aber jetzt tue ich es nicht mehr. Komm, setze dich! Ich habe den Ofen noch etwas an. Es ist für diese Jahreszeit doch noch ziemlich kalt, nicht wahr?"

Geschäftig schob sie Stühle zurecht, aber André setzte sich nicht. „Du brauchst aber meinetwegen nicht den Kuchen im Stich zu lassen. Ich kann dir doch bei der Arbeit zusehen."

„Gibt's nicht!" lachte sie herzlich und fand im Nu zu dem früheren Ton zurück. „Du lachst bestimmt nur, wenn der Teig nicht geht."

„Ich glaube nicht, daß er nicht gehen würde", sagte er und sah sie an. Sein Blick brachte sie etwas durcheinander. „Ich glaube, du bist eine vollendete Hausfrau geworden", fügte er ernsthaft hinzu.

„Soll ich Tee machen?" fragte sie, um sich einen Rückhalt zu geben.

„Ja, gerne", erwiderte er.

„Auf dem Tischchen dort liegen Zigaretten", sagte sie, schon an der Tür. „Bediene dich doch bitte."

In der Küche strich sie sich mit den Händen übers Gesicht. Wie ihre Wangen glühten! Sie war wohl nicht ganz gescheit! Als sie das Teewasser aufgesetzt hatte, lief sie schnell nach oben. Vor dem Spiegel kämmte sie sich das Haar und stäubte etwas Puder auf die Nase. Dann blieb sie noch einen Augenblick stehen. Sie mußte sich gleich ganz natürlich benehmen. Sie war ein Schaf, sich so über den Haufen werfen zu lassen. Als ob sie sich noch niemals mit einem jungen Mann unterhalten hätte! Dabei hatten sie doch jahrelang zusammen in der gleichen Klasse gesessen.

Aber sie hatte auch gar nicht mit diesem unverhofften Besuch gerechnet. Sie war so völlig in Anspruch genommen von diesem Leben mit den Sorgen um die alltäglichen Dinge. Sie sollte doch froh sein, daß sie an diesem Vormittag nicht allein zu sitzen brauchte!

Der Flötekessel rief sie wieder nach unten.

Als sie einen Augenblick später mit der Teekanne ins Zimmer trat, hatte sie sich wieder gefangen. Sie konnte sich wieder ungezwungen unterhalten, so, wie sie es immer mit ihren Klassengefährten gekonnt hatte.

„Wie ist es in Utrecht?" fragte sie, während sie die Tassen zurechtstellte.

„Oh, gut", sagte André. „Wir sitzen schwer in der Arbeit. Diese Monate sind die schlimmsten. Wir probieren alle, schon mal ein paar Vorprüfungen hinter uns zu bringen. Ich hab' gerade in der vergangenen Woche auch eine gehabt, weiß das Ergebnis aber noch nicht. Jetzt kann ich doch nichts tun, und darum bin ich nach Hause gekommen. Ich mache hier Wochenend."

„Das hast du auch verdient", sagte Gerry. „Sag mal, trinkst du den Tee mit Zucker?"

„Ja, gern. Viel!" sagte André.

„Paß auf deine Linie auf!" neckte Gerry.

„Unsinn!" lachte er. „Zucker ist gut fürs Gedächtnis, weißt du."

„Nimmst du ihn deswegen?" fragte sie, ihn lachend ansehend.

„Natürlich", sagte er. „Aber ich mag ihn auch gern."

Sie setzte die Tasse vor ihn hin. „Du hast dir noch keine Zigarette genommen", stellte sie dann fest. „Hier, welche Sorte rauchst du am liebsten?" Sie hielt ihm zwei Päckchen hin. Er nahm eine, holte Streichhölzer aus der Tasche und hielt die Flamme vor ihre Zigarette. Sie hatte, um sich eine Beschäftigung zu machen, auch eine genommen. Als sie sich dann gegenübersaßen, erzählte er:

„Rinie hat auch gerade zwei Examen hinter sich. Sie hat die Ergebnisse schon. Sie kommt gut durch, aber das hatten wir ja auch nicht anders erwartet, wie?" Er sah nachdenklich auf seine Zigarette.

Es war Gerry auf einmal, als ob ihr schwindele. Siehst du wohl, da hast du es! Rinie! André bewunderte Rinie wegen ihrer Zähigkeit und ihres ausgezeichneten Verstandes. Das hatte sie doch schon immer gewußt. Das taten sie in der Klasse alle. Warum nur machte es sie so elend? Sie holte tief Atem. Der Rauch kam ihr in die Kehle, und sie bekam ihn nicht wieder hinaus. Es kribbelte im Hals. Sie begann zu husten. Die Tränen liefen ihr über die Wangen. Schnell legte sie die Zigarette in den Aschenbecher. Mit beiden Händen vor dem Gesicht hustete sie die Beklemmung weg. Zum Glück ging es vorüber. Als sie aufsah und zu lächeln versuchte, stand André mit besorgtem Blick neben ihr. Er sah, daß sie es überstanden hatte, und sagte neckend:

„Kleine Mädchen sollten nicht rauchen. Soll ich sie für dich ausdrücken?" Aber das wollte sie nicht. Sie fühlte plötzlich Ärger. Was bildete er sich ein? Sie wußte selbst, was sie zu tun und zu lassen hatte. Und was ging es ihn überhaupt an? Er sollte sich lieber um Rinie kümmern. Sie war doch seine Freundin. Gleichzeitig schämte sie sich ihrer Gedanken, denn sie bemerkte, daß eine leichte Verwunderung in seine Augen trat, als sie ungeduldig zu ihrer Zigarette griff. Es war nicht anständig von ihr, verärgert zu sein. Was störte sie denn? Sie hatte sich doch gefreut, daß er sie besuchte. Lächelnd legte sie die Zigarette wieder hin und sagte leichthin:

„Ja, ich sollte sie wirklich ausmachen. Sie hat mir nämlich gar nicht geschmeckt."

Jetzt lachte auch er wieder und drückte die Zigarette in den Aschenbecher. Gerry nahm ihre Teetasse und rührte darin herum. Dabei starrte sie in die Tasse. Was sollte sie jetzt sagen? Es wäre doch nur natürlich, wenn sie über Rinie sprächen. Rinie war doch ihre Freundin, und alles, was sie betraf, interessierte sie stets. Aber dennoch berührte sie dieses Thema lieber nicht. Wie unberechenbar ein Mensch doch ist! Noch immer in die Tasse blickend, sagte sie:

„Ja, ich weiß das schon von Rinie. Sie schrieb mir vorige Woche. Sie ist wirklich ein Überflieger, was?" Forschend sah sie in sein Gesicht; sie konnte es einfach nicht lassen.

„O ja, das ist sie", antwortete André fast gleichgültig. Sollte sie sich doch irren? Wiederum etwas aus dem Konzept gebracht, tranken sie zusammen ihre Tassen leer. Dann begann André etwas zögernd:

„Was ich dir noch sagen wollte, Gerry, ich wollte eigentlich auch — äh — du hast doch sicher auch von der Gründungsfeier Ende Mai gehört, ja?"

Was sollte das jetzt wieder? Sie war doch schon entschlossen, nicht hinzugehen. Aber war sie wirklich immer noch so sicher, daß es das beste war.

„Ja", sagte sie schließlich. „Ich hab' eine Einladung bekommen. Und Rinie hat mir auch davon geschrieben."

„Und du kommst?" fragte er gespannt.

„Ich — äh . . ." Jetzt war die Reihe zu zögern an ihr. „Ich hatte mich eigentlich entschlossen, nicht zu kommen. Ich gehöre doch nicht mehr so recht dazu . . ."

„Natürlich gehörst du noch dazu", sagte er schnell. „Du mußt bestimmt kommen, Gerry, es wird dir guttun. Du — du bist dünner geworden", fügte er verlegen hinzu.

„Ach, ja?" fragte Gerry erstaunt. „Das hab' ich noch gar nicht bemerkt." Verwundert strich sie sich über die Wangen. Auch da fühlte sie nur, daß sie glühten. Wieder war ihr das Blut hineingestiegen. Sie sah André nicht an. Eine Weile war es still zwischen ihnen beiden, dann fuhr André fast flüsternd fort:

„Du mußt kommen, Gerry. Ich würde mich so sehr freuen, wenn du kämest."

„Ja?" fragte sie wie elektrisiert. Hatte sie richtig gehört? Meinte er wirklich, daß er sie gern dabei hätte?

André sah nicht auf. Leise, wie im Selbstgespräch, sagte er:

„Ja, ich würde sehr froh sein. Weißt du eigentlich, warum ich mich seinerzeit für Utrecht und nicht für Amsterdam entschieden habe?" Und als sie nichts sagte: „Das war deinetwegen. Weil du dorthin gingest. Ich — äh — ich wollte dich nicht aus den Augen verlieren. Aber dann bist du doch wieder fortgegangen."

„Ich — das ging doch nicht anders", erwiderte sie leise, einen Ausweg suchend. Sie war völlig verblüfft. Aber gleichzeitig begann etwas in ihr zu klingen. Es war, als ob ihr Herz zerspringen wollte, so klopfte es.

„Nein, natürlich nicht, das verstehe ich ganz gut", lächelte er, noch immer, ohne sie anzusehen. „Aber — aber du brauchst dich doch nicht so zu vergraben. Du bist doch noch jung, und es gibt nichts, was dich hindern sollte, wirklich jung zu sein. Sag doch ja. Sag doch, daß du am dreißigsten Mai kommst." Er sah sie an, und sie bemerkte eine unbekannte Verlegenheit in seinen Augen, aber eine Verlegenheit, die sie froh stimmte.

Bevor sie antworten konnte, flog die Zimmertür auf, und Fons kam herein.

„Hallo! Oh, ich wußte nicht, daß du Besuch hattest!"

„Na, vor mir brauchst du doch nicht zu erschrecken", sagte André lachend.

„Ach, du bist es!" lachte Fons. „Nett, daß du mal kommst. Du studierst doch auch in Utrecht, nicht?" begann er sofort eine Unterhaltung. „Zu schade, daß ich mit meinen Mathematikaufgaben nicht zu dir kommen kann."

„Möchtest du auch Tee?" fragte Gerry aufspringend. Sie war froh, daß sie sich mit irgend etwas beschäftigen konnte. „Ist Vincent nicht da?"

„Der bringt sein Fahrrad weg", sagte Fons. „Ihm ist ein Reifen geplatzt, glaub' ich. Ich weiß nicht, ob er ihn vor dem Essen noch flicken will."

„Nun, das könnte er ja", meinte Gerry. „Du auch noch Tee, André?" fragte sie, ohne ihn anzusehen.

„Ja, gern", erwiderte André, aber gleich darauf: „Ach nein, ich hab' ja noch gar nicht ausgetrunken."

„Was für ein Gierschlund!" lachte Fons.

„Tut mir leid, aber ich trinke schnell aus und möchte dann gern noch einen", sagte André.

Gerry stand lachend neben ihm und wartete. Sie fühlte sich so frei und froh, daß sie am liebsten mit ihrer Tasse durchs Zimmer getanzt wäre.

„Habt ihr noch Semesterferien?" fragte Fons jetzt. „Schön lange Ferien haben die Studenten."

„Ja, aber so lange nun auch wieder nicht", grinste André. „Sieh mal, seit Ostern ist es ungefähr ein Monat gewesen. Nein, ich habe für ein Wochenende blau gemacht, um mich von den Anstrengungen der Vorexamen auszuruhen."

„Ja, das gehört natürlich auch dazu", meinte Fons. „Hast du's geschafft?"

„Weiß ich noch nicht, junger Mann", sagte André.

„Wahrscheinlich", sagte Gerry. „Ich jedenfalls kann mir nicht vorstellen, daß er irgendwo durchfallen sollte." Sie lief wahrhaftig wieder rot an. Hastig bückte sie sich nach dem Teewärmer, der auf den Fußboden gefallen war. Aber Fons achtete nicht weiter darauf.

André blieb nicht mehr lange sitzen. Er wollte noch seinen früheren Mathematik-Lehrer besuchen, mit dem er noch regelmäßigen Kontakt hielt. Gerry brachte ihn hinaus. Im Flur sagte er:

„Also, es ist versprochen, Gerry. Du kommst!"

Sie nickte, sah ihn aber nicht an. „Ja, gern", sagte sie leise.

„Könnten wir Sonntag nicht einmal zusammen spazierengehen oder mit den Rädern hinausfahren?" fragte er unerwartet. Und lachend fügte er hinzu: „Ich weiß sonst nicht, wie ich mein Wochenende herumbringen soll."

„Sag mal, du benutzt mich doch wohl nicht als Mittel, deine Zeit totzuschlagen?" tat Gerry entrüstet. Sie sagte dies nur, weil sie mit irgendeiner Albernheit ihre Verlegenheit überspielen wollte.

„Nein, das bist du nicht", erwiderte André ernst. Er sah sie an, und auch sie blickte ihm direkt in die Augen. „Abgemacht?" fragte er, und seine Augen lachten ihr zu. „Nun sag schon ja!"

„Ja, gut", flüsterte sie.

Er nahm ihre Hand und drückte sie kräftig. „Bis Sonntag dann", sagte er, und fort war er.

Sie stand noch am gleichen Fleck, stumm vor sich hin sehend. Es war alles so plötzlich gekommen, so völlig unerwartet. War es Wirklichkeit, oder hatte sie geträumt? Nein, sie würde tatsächlich zu dem Fest gehen. Und sie würde am Sonntag auch spazierengehen. Hatte sie das wirklich seit einem halben Jahr nicht mehr getan?

„Du, ich gieße mir noch 'ne Tasse Tee ein, ja?" fragte Fons von der Zimmertür her.

„Äh — natürlich", erwiderte sie.

„Sag mal, was hast du?" fragte Fons. „Du siehst so anders aus!"

„Ach, gar nichts", lachte sie plötzlich übermütig. „Was soll denn sein? Sag mal, soll ich noch Kuchen backen für heute abend? Wo ist das Kochbuch? Ich will eben nachsehen, ob wir alles dafür im Haus haben." Sie schob Fons beiseite und wühlte im Schubfach, um nach Mutters altem Kochbuch zu suchen. Es war im letzten halben Jahr wahrscheinlich mehr gebraucht worden als in all den Jahren, die Mutter es im Hause gehabt hatte. „Sag mal, solltest du nicht Vincent eben bei seinem Reifen helfen?" sagte sie dann. „In einer halben Stunde gibt's Essen."

„Meinetwegen", brummte Fons. „Aber ich glaube, das kann er auch ganz gut allein." Er trank im Stehen seine Teetasse leer und ging dann unlustig aus dem Zimmer hinaus.

Gerry stand sinnend am Fenster, das Kochbuch in der Hand. Aber sie sah nicht hinein. Die Gedanken wirbelten ihr durch den Kopf.

Es war also Wirklichkeit, was sie da eben erlebt hatte. War sie noch die gleiche, die am Vormittag durch die Stadt gelaufen war und beschlossen hatte, ihrem bisherigen Leben Adieu zu sagen? War sie es, die so verdrießlich über alles nachgedacht hatte? Wie war es möglich, daß jetzt auf einmal alles ganz anders für sie aussah? Allein durch einen Blick in der Art, wie André sie angesehen hatte. Es schien ihr, als sei sie eine andere geworden. Als ob Jahre von ihr abgefallen wären. Als sei sie ganz jung und als hätte sie noch das ganze Leben vor sich. Ein Leben voller Glück, trotz allem, was geschehen war.

Es war unbegreiflich, aber es war so. Das Leben ging weiter! Dennoch fühlte sie eine leise Wehmut bei diesen Worten. Das Leben ging weiter — auch ohne Mutter. Aber jetzt war sie imstande, glücklich zu sein, daß es so war.

Eine Flut von Dankbarkeit über das wiedergewonnene Leben schlug über ihr zusammen. Wie schön war es doch, wie herrlich, zu leben! Tränen traten ihr in die Augen, als sie aus vollem Herzen flüsterte: „Dank Dir, lieber Gott, für alles, was Du mich hast durchmachen lassen. Ich verstehe es nicht, aber es war gut so. Du hast mich zu dem stillen Glück geführt, das ich erst verstehen lernen mußte. Ich danke dir dafür."

Das war das Gebet, das sie bei Mutters Beerdigung nicht hatte beten können, das ihr aber jetzt spontan über die Lippen kam.

Durch einen leichten Tränenschleier starrte sie nach draußen...

Ende